ほめない子育てで子どもは伸びる

声かけをちょっと変えただけで驚くほど変わる

岸 英光

kishi hidemitsu

――はじめに――

変わるものと変わらないもの

この本を手に取ってくださって、ほんとうにありがとうございます。

まずは私事ですが、私も2人の男の子の父親として、これまでも、いまもいろいろな壁にぶつかってます。

子どもを育てるということはたやすいことではない、と日々実感しています。

それにしても、子どもへの教育にはみんなが力を注いでいます。これほど誰もが熱心に取り組んでいる分野はないと思えるほどです。親も学校も塾も必死になって、子どもの成長にあらゆる手を尽くしています。

学力を向上させることだけではなく、個性を伸ばしたり、自主性や創造性、協調性や相手を思いやる気持ち、空気が読めること、また、夢中になれるものを見つけたり、我慢強さや最後までやり抜く意思をもつこと、常識や礼儀やモラルなどなど……。

ところが一生懸命にやっていながら、思うような結果がついてきていないどころか、やればやるほどにかえって後退しているように感じることもしばしばです。

もしかしたら、何かが間違っているのではないでしょうか？

私は「コーチング」といわれる、対話で相手から行動と能力を最大限に引き出すコミュニケーションスキルの専門家として、企業や自治体、学校や病院などで、毎日のように講演や研修をしています。

そんななかでいつも感じることは、いままで正しかったやり方が、どんどん変化する価値観の中ですぐに通用しなくなるものだということと、それとは正反対に人の本質には変わらないところがあるということです。

世の中が伸びている時代なら、伸びることで得たいものを得たり、幸せになろうとします。

「やる気を出せ！」

「自信を持ちなさい」

「プラスに考えよう」

といった心理的なアプローチも役に立ちます。

しかし、停滞が長い現代では、やる気があっても手応えがなかったり、誰もが自信を失っています。プラスに考えろと言われても、もはや手詰まり……いままでのやり方が役に立たないばかりか、かえってエネルギーが奪われていきます。


今回取り上げた「ほめる」も同様で、一般的にはよいこととされています。

企業では「部下のほめ方」が研修でおこなわれ、書店には「ほめる技術」がノウハウ書の上位にあり、ちまたでは「夫をほめる講座」まで開かれている世の中です。それらは一見、うまくいきそうな感じがします。

でも、ほんとうにうまくいっているのでしょうか？

無理やりいいところを見つけて、ときに心にもない台詞《セリフ》を言うことや、相手を操《あやつ》ろうとする意図が見え隠れする、そこにほんとうの信頼関係があるのでしょうか？

そこに妙な違和感を感じているのは私だけですか？
また、そこにはもっと深刻な問題が起きていないでしょうか？
なにより、このようなことを、愛するわが子とずっと続けることに疲れませんか？

ここにどうやら私たちがほんのちょっとした思い違いをしていることがありそうです。そこにしっかりアプローチすることで、人の持つ、変わることのないパワーの源泉に到達できることが伝われば何よりです。

２０１０年　秋

岸　英光

「ほめない子育て」で 子どもは伸びる　目次

第2章

「認める」言葉のパワー

―「認める」声かけで「生きる力」がつく―

第3章

「認める」声かけのレッスン

―「Iメッセージ」のつくり方―

第4章 大人だって「ほめる」より「認める」
―自然とコミュニケーションがうまくいく―

装丁／山田 満明
装画・目次イラスト／ＮａｂｅＫａｗａ 宮川 由紀
本文デザイン／芦塚 裕子
本文イラスト／高橋 久美
編集・執筆協力／榎本 康子

第1章

「ほめる」っていいことなの?

――「ほめる」ことで子どもが壊れていく――

親の顔色をうかがう、「いい子症候群」が増えている

「ほめて育てるのがいい」

世間ではこれが通説となっています。

家でも学校でもスポーツや習いごとの教室でも、子どもは「ほめて」育てるとやる気が出て伸びていく、といわれています。

「ほめて育てよう」「子どものほめ方」といった本もたくさん出版されています。

子どもの世界だけでなく大人の世界でも、「ほめて育てる」がいまや常識となりつつあります。部下のやる気を引き出す「ほめ方」について書かれた本やインターネットのサイトも多く存在します。

しかし、私はこの通説が正しいかどうか、見直す必要があると考えています。

ほめて育てるということが、ほんとうに子どものためになるのでしょうか。

逆に子どもの自主性を奪ったり、自尊心を傷つけたりしていることはないでしょうか。

●「ママはどう思っているかな」と「いい子」を演じ続ける

私は、子どもをほめて育てるということがさかんにいわれるようになってから、子どもたちがいままでにない壊《こわ》れ方をするようになっている気がしています。

「いい子症候群」というのでしょうか。

親や先生にほめてほしい、「いい子」と言ってほしい、と願う子どもたちは、必死で「いい子」を演じます。

そして**「いい子」でいようとするあまり、いつも「ママはどう思っているのかな？」などと、大人の顔色をうかがう子どもになっていきます。やがて、自分らしさを失ってしまいます。**

こうして、ほめて育てられた子どもたちは、ほめてくれる人たちのいる狭い世界でしか生きていけなくなり、その結果として引きこもってしまう子どもたちも増えているように思うのです。

特定の世界のなかで活躍できているあいだは大丈夫なのですが、誰も相手にしてくれなくなると、問題を起こしたりするケースもあります。

また、いつも親に決めてもらったり世間の価値基準に従ってものごとを決めてきたので、自分で決断できない**「指示待ち人間」**になったりします。**責任をとらない大人**になっていきます。さらには、**失敗を怖れ、ワクを越えてチャレンジしようとしなくなります。**

考えてみると、大人の私たちが子どもだった頃、ほめられるということはあっても、それがいつも降ってくるような環境にいたでしょうか。昔は、ほめられることなどめったになくても、素晴らしい人、強く生きていける人に育っていくことが多くありました。家でほめられ、学校でほめられ、ほめられることに慣れて大人になったとき、社会ではいつでもほめてくれる人がまわりにいるかというと、そんなことはありません。

ほめられることに慣れて育った人は、ほめてくれる人がいない社会に置かれたとき、どのようにモチベーションを保つのでしょうか。

「ほめる」ということはどういうことなのか、「ほめる」子育てがほんとうにいいのか、「ほめる子育て」を続けていくとどんな影響が出てくるのか、これから一緒にじっくりと見ていきましょう。

ここがポイント！

親や先生にほめてほしい、
「いい子」と言ってほしい子どもたちは、
必死に「いい子」を演じ、
大人の顔色をうかがいます。
そして、自分らしさを失っていきます。

「ほめる」ってどういうこと？
「あなた」が主語で「評価」すること

「ほめる」とはどういうことでしょうか。

まずここで、私がこの本で「ほめる」と言うときの定義を紹介しておきます。

「ほめる」とは「評価する」ことです。

「上手ね」「えらいね」「いい子だね」など評価する言葉を用います。

さらにもうひとつ、

「ほめる」とは**「あなた**（相手）**」が主語になる声かけ**をいいます。

「あなたはいい子」

「きみ、すごいね」

「○○ちゃん、えらいね」

すべて主語は「あなた」です。「いい子」「すごい」「えらい」は、みな「評価する」

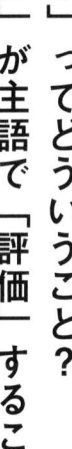

言葉です。

「あなた」と「評価」のあいだにどんな言葉が入っても同じです。

「ユカちゃん、一等賞とったのすごいね」
「タクミ、１００点とって優秀だね」
「アヤ、あいさつできたの、いい子ね」
「ダイちゃん、お留守番できたの、えらいね」

「評価する言葉」以外の言葉や、主語が「私（自分）」となる言葉（「ありがとう」「私はうれしい」など）も含めて「ほめる」としている本もありますが、ここでは含めないこととします。

ここがポイント！

「ほめる」とは、
「評価する」ことで、
主語が「あなた（相手）」になる声かけです。

親が「ほめ言葉」を使うと「おどし」に。子どもをコントロールすることになる

「○○ちゃん、お手伝いできて、いい子ね」

親がよく口にするほめ方ですね。

「いい子」というごくふつうのほめ言葉の裏にどんなメッセージが隠されているのか、考えてみたいと思います。


「お手伝いしたら、いい子」ということは、「しなければ悪い子」ともとれます。

実はさらにその裏に、

「いい子」はほしいけど、「悪い子」はいらない。

「いい子」はうちの子だけど、「悪い子」はよその子。

こういうメッセージが隠されていると気づいていましたか。

当然、いらない子、よその子、にはなりたくないから、子どもは「いい子」になるために懸命に動こうとします。

つまり、この言い方は、「いい子」という「評価」、すなわち**ごほうび（エサ）を示して、エサでつって子どもを動かそう、コントロールしようとしているといえるのです。**

はたして、これは「人間」の育て方にふさわしいのでしょうか。

●「愛情」を「エサ」にしていると……

さらに言うと、この言い方は、お手伝いすれば愛してあげるけど、しなければ愛してあげないよ、と言っているのと同じです。

とくに母親が使う場合、これは「おどし」にもなります。

子どもにとって、両親、とくに母親の愛は絶対です。**とくに小さいうちは、母親に「愛されている」という安心感をしっかりもたせることは大切でしょう。**

その安心感のなかで、「この世に受け入れられているんだ」「信頼していいんだ」という世界に対する基本的信頼がつくられていき、自分を信じ、他人との違いを認めたり、他人を愛したりできるようになるのです。

母親に十分に愛されているという感覚は、「母子一体感」ともいいます。自分が思ったことは親も同じように感じているものだ、だからほしいと思ったものはすぐに与えてくれるし、満たしてくれる、と思う感覚です。

ところで、これが満たされずに成長すると、どうなるでしょうか。

満たされていないので、大人になっても求め続け、結果、自分の言うことをきいてくれない人や自分に同意してくれない人を敵だと思ったり、意見が違う相手との折り合いをつけられない、自己中心的な人間になる可能性があります。

この、子どもにとって絶対必要な「愛される」ということをエサにしてしまったら、どうなるでしょうか。愛されないということは、子どもにとっては存在そのものを揺るがされる事態ですから、愛してほしい、「いい子」と言ってほしい、との不安感から母親の言うことをきくことになります。

「いい子」と思ってもらうために、お手伝いをすることになるわけです。

幼稚園や保育園、小学校でもこのほめ言葉を使う先生がいるでしょう。

「○○くんは、もうしたくができましたよ、いい子ですね」

この言い方にも、「早くできた→いい子→先生は愛してあげますよ→ほかの子はまだできない→悪い子→先生は愛してあげません」、という裏の意味が含まれています。

やはり一種の「おどし」であり、子どもをコントロールしようとする言い方といえます。

ここがポイント！

「ほめる」ということは、「いい子」にすれば「愛してあげるよ」ということ。愛してほしい子どもに、動いてもらうための「おどし」です。

「自分が好き」という「自己肯定感」が育たず、他人を妬《ねた》む子になる

そもそも、ほめられなかった子は、「悪い子」と人格を否定されるわけですから、自尊心が芽生えにくいうえ、他人を認められない卑屈な性格になってしまう可能性があります。

そしてこれは、ほめられなかった子だけの可能性ではありません。

ほめられたほうも同じです。

ほめられたほうも、ほめられない場合には「愛情」というエサをもらえないことが怖くなっていきます。

その結果、いつも親や先生、まわりの目を気にし、何かを決めるときも他人の価値基準を優先してそれに合わせるようになっていきます。そして、だんだん自分がなくなり、自尊心が薄れていくのです。

●「自尊心」「自己肯定感」とは？

そもそも、自尊心とは何でしょうか。

自尊心とは、自分が好きで、自分の人格を大切に思う気持ちのことです。「自己肯定感」ともいいます。英語では **self-esteem** にあたります。

自尊心、自己肯定感は、自分らしく生き生きと生きていくために非常に大切な感覚といえます。これをもっていると自分のよさがわかり、自分の好きなこと、自分のやりたいことを見つけることができ、充実した人生を送ることができるのです。

他人と比較して優れていると感じる「優越感」とは異なります。「優越感」や「劣等感」は他者からの評価によって得られるもので、自分自身で感じるものが「自尊心」「自己肯定感」ということになります。

意外に思うかもしれませんが、この気持ちがあると**他人をも大切に思います。他人のいいところを認めることができるのです。**

逆に自尊心、自己肯定感の低い人は、自分のことを好きになれず、大切な存在とも思えません。すると他人のいいところも認めることができず、陰口を言ったり、足を引っ張ったり、いつも他人と比較して、恨んだり、妬《ねた》んだりしてしまいます。

人の悪いところを探し、その結果、他人をいじめる人も出てくるのです。他人をおとしめることで、他人と比べて優位に感じる「優越感」を保とうとするわけです。

ですが、優越感で保たれた人生は、**他人の価値基準に従い、他人の目を気にして生きているので、自分らしい生き生きとしたものではありません。**

また、優越感が保たれるコースにうまくのっているときはいいのですが、いったんはずれてしまうと、自分が価値のない人間に思えてきます。社会生活に大きなストレスを感じ、心を病んだり引きこもったりすることもあり、なかには残念ながら大切な命を自ら絶ってしまう人もいるのです。

日本の子どもは、外国の子どもにくらべてこの自己肯定感が低いといわれています。「私は他の人々に劣らず価値のある人間である」との問いに「よくあてはまる」と回答した中学生は、アメリカが51・8%、中国49・3%だったのに対し、日本は8・8%ときわめて低いのです（財団法人「日本青少年研究所」の国際調査〈2002年〉）。

さて、どうして日本の子どもたちの自己肯定感が低いのでしょうか。

それは、多様な価値観を認めない日本の風土、そして、同じ価値基準で評価する学校教育や大人たちに原因があると、私は考えています。

ここがポイント！

**「自分が好き」「自分が大切」と
思える気持ちは、非常に大切です。
「ほめる」子育てをしていると、
その気持ちが低い大人に
なってしまいます。**

「ほめる子育て」は「いじめ」の原因になることもある

前の項で、自己肯定感の低い人は「いじめ」を起こす場合があると述べましたが、ひとつのものさしでほめたり、評価したりという教育方法そのものが、「いじめ」を生むことにつながります。

たとえば、先生がひとりの子どもだけをほめると、どうなるでしょうか。

「○○さんは、算数で１００点をとりました。すごいですね。みんなも見習って頑張りましょう」

このように言われて、ほかの子どもたちは、どう思うでしょうか。よし、ぼくも頑張ろう、と素直に努力する子もいるでしょう。

けれども、**ひとりをほめ、ほかの子どもをほめないということは、その子だけが「いい子」、相対的にほかの子どもは「いい子でない」と言っていることになります。**

先生に認めてほしいと願っても、かんたんに100点をとれない子のなかには、自分が頑張るのではなく、ほめられている子の足を引っ張ろうとする子も出てきます。

なぜなら、自分もほめられた子のことを「いい子」だと認めてしまったら、相対的に自分の価値が下がる気がするからです。そこで、ほめられている子を攻撃することで、優越感をもち、先生に認めてもらえない不満を解消するわけです。

きょうだいに対する親の態度でも同じです。

「○○ちゃんはいつも1番でえらいね」

と弟だけを、なかなか1番をとれない兄の前でほめたとしたら、兄はプライドを傷つけられるだけでなく、卑屈になり、陰で弟をいじめる、ということになりかねません。

さらには大人の世界でも同じです。

成果主義による評価制度を取り入れてから、多くの企業で社員の士気が低下したという話を聞きます。社会に活気がある時代はまだこうした制度も機能したのですが、会社も社員も全体での成長が難しくなっている現代では、機能しにくいのです。

とくに評価制度とリストラを同時に取り入れたところでは、誰かがいい評価を得ると、自分は切られるかもしれないわけですから、人の足を引っ張るようになります。

あいつはどうせあれしかできないんだ、点数稼ぎだ、仕事はできるけどあんなところがダメだ、などと裏を見ようとしたり、引きずりおろそうとしたり、直接、相手を攻撃したりする人が出てくることがあります。みんなで伸びながら勝負していくことができない環境では、そうならざるを得ないのです。

●「評価」はバーチャル。いじめで現実感を得ようとする

いじめは、自分の位置がはっきりしていない不安から起きることが多いものです。

ほめる、あるいは偏差値のような単一のものさしによる評価の世界は、バーチャル（仮想）です。

たとえば「偏差値50」といって現実に何があるかというと、何もありません。学校を偏差値で表す場合なら、数字の「差」しか見えません。どんな教育方針なのか、校風、設備、歴史はどうなのか、偏差値では現実には何も見えてこないのです。

同じように、「いい」「えらい」という言葉も現実には何もなく、バーチャルです。

このような**現実感のない世界で生きていると、誰かをいじめ、少なくともその人の上**

に立っているという現実的な実感を得ようとします。

実際にいじめという行為に及ばなくても、うまくいっていない人の話をしたり聞いたりするのを好む人、そんな話になると生き生きする人もたくさんいます。いまの自分の位置を維持するため、そして少なくともその人より上に立つために、人はあらゆる方法を使うのです。

でもこれらは、品格のある人、自尊心のある人の行うことではありません。

ここがポイント！

ひとりをほめると、
ほかの子はその子の
足を引っ張ろうとして
いじめが起こる場合があります。

「ママ、○○していい？」が口ぐせの、自分で決められない子になる

「○○してもいい？」

あなたのお子さんは、お父さんやお母さんに、こうして許可を求めることが多くはありませんか。

世間の「評価」のものさしで、いわゆる「いい子」に育てようと「ほめる子育て」をされた子どもは、ほめられるのか怒られるのかわからない不安から、ささいな行動にも許可を求めるようになります。

たとえば、こんな具合です。

「ママ、このおもちゃ、おこづかいで買っていい？」

「いいわよ」

「ママ、これとこれ、どっちがいいと思う？」

「どっちでもいいんじゃない？」

「じゃあ、自分で決めていい？」

こんな具合です。

ほかにも、

「ママ、このゲームで遊んでいい？」

「ママ、この服でいい？」

「○○食べていい？」

「○○ちゃんと遊んでいい？」

こうして、行動のひとつひとつに親の許可を求める子どもが少なくありません。

●子どもに選ばせ、決めさせよう

子どもが小さいうちは、食べ物やお金の管理はある程度親がするべきでしょう。

ただ、小学生くらいになって、おこづかいを与えるようになったら、親が管理する割合を減らしていきましょう。ムダづかいをしたり、早く使ってなくなってしまったりという失敗経験を積むことで、自然とお金の適切な使い方を覚えていくのです。

おこづかいにかぎらず、着る服、遊ぶ友だち、遊ぶおもちゃなど、小さなことでも、**子どもが自分で決めるという経験を重ねることは、そこからさまざまなことを学んだり、自分で責任をとれる人間に成長していくために大切なことです。**

ところが、親が子どもの内発的な成長の力を信じず、まわりの評価ばかりを気にしているような場合、子どもの行動を細かく指示し、身のまわりのことを決め、将来も親の決めた通りに進ませようとしているケースが多いのです。

そして実は、この場合の「評価」は、子どものためではなく、親としての自分の評価を気にしていることも少なくありません。

しかし、こんなふうに親が子どもをコントロールしていては、子どもはいつまでも自立できず、依存的になります。さらに、「お母さんがいいって言ったから」と責任転嫁をするようになり、無責任な人に育っていってしまいます。

子どもに選ばせる、決めさせる、責任をもたせる。

子どもができることには手を貸さず、子どもが決められることは子どもに任せて決めさせ、うまくいったり、失敗して後悔したりという経験をたくさん積ませましょう。

その貴重な体験の機会を親が奪わないようにしてください。
親は見守ってやればいいのです。
「○○していい？」が、多くなりすぎていないか、チェックしてみてください。

ここがポイント！

ほめられて育ったために、自分で決められない子になっているかもしれません。「○○していい？」と親に許可を求めることが多くなっていませんか？

大人になっても「指示待ち人間」に。これではリーダーにはなれない

ほめられ、評価されてばかりで育った場合、大人になって人の上に立てなくなる可能性があります。

どうしてかというと、そもそも「ほめる」とは、上から下に向かってすることです。対等な関係ではありません。いつも上から下への「ほめる」メッセージを受けてきた人にとって、自分はいつも「下」で、「上」になることは考えられないのです。

また、つねに他人のものさしで生きてきたわけですから、誰か自分以外の人が「いい」「悪い」を判断し、選んでくれないと、自分では決められなくなってしまいます。

そして、誰かが仕事を指示してくれたり、問題を示してくれないと仕事ができない……やがてはそういう人間になってしまうのです。

つまり、**責任ある立場、リーダーにはなれない**ということです。

どうでしょう。わが子が、社会人になってリーダー的な存在になれなくなってもいいでしょうか。

大人になる以前にも、小学校や中学校で、すでに責任ある立場を避けようとする子どもも多くなっています。係や班長、部活のリーダー、生徒会の役員、文化祭の実行委員などを、やり方がわからない、面倒くさい、自信がない、などの理由で引き受けようとしないのです。

●自分で問題を見つけて解決していく人が求められている

いま、世の中はかつてないスピードで変化していて、「答えのない時代」といわれています。

従来の「マニュアル」では対応できない問題が次々に起こってきます。

会社の社長はもちろんのこと、部長、課長などのリーダーも、自分で問題を見つけて自分で判断し、解決しなくてはならない場面に日々遭遇します。

社長に判断をあおいでばかりはいられません。

さらには平社員も、ただまじめに与えられた仕事をこなすだけでは、会社の成長に貢献できない時代になっています。

評価だけを気にするまじめな秀才では、人の上に立てないばかりか、これからの答えのない時代、自分で答えを探り、見つけ、ときには新しく創り出したりしなくてはならない時代に、有益な人材として活躍することが難しくなるかもしれないのです。

わが子がきちんと就職してくれれば、社長にまでならなくてもいい、と親は思っているかもしれませんが、そもそも会社で使えない社員になってしまう可能性もあるのです。

さらに、場合によっては、他人に利用されやすくなる危険性もあるのです。

いまの日本の教育は、決まった答えを求めるものが中心です。私はこれは時代に合っていないと見ています。

それより、自分で解決法を考えたり、答えの決まっていない問題を討論したり、さまざまな価値観を教えたりという教育が、これからは必要になるのではないでしょうか。

ただ、学校教育はなかなか個人や少数の意見で変えることはできません。

せめて家庭では、世間や学校でよしとされる価値以外のさまざまな価値を示してあげましょう。

ここがポイント！

他人のものさしで評価されて
生きてきた人は、
自分で「いい」「悪い」を判断できず、
人の上に立てない大人になってしまう
可能性があります。

「○○ちゃんのせい」とすぐ言う、責任感のない子になる

お子さんが何か親に叱られるようなことをしたとします。そんなとき、

「○○が悪いんだよ」

「○○のせいだもん」

と原因をどこか外に探そうとする習慣がお子さんにはついていないでしょうか。

あるいは「だって……」とすぐに言い訳をしませんか。

「○○のせい」と、他者や別のものごとに原因を求めるということは、自分は悪くない、自分には責任がない、と責任を回避していることになります。

原因が100%自分以外にある場合もあるでしょうが、自分にある、あるいは一部は自分にある場合も、「○○のせい」で片づけるくせがついてしまうと危険です。

自分で責任をとらない、いつも逃げる人間になってしまう可能性があります。いつも

他人《ひと》の評価を気にしてばかりいる子どもは、原因も外に求めるようになりやすいのです。

また、こういう子どもの親は、ほめる子育てをしているというだけでなく、ある共通した口ぐせがある場合が多いものです。それは、何か好ましくないことをしたときの、「なんで、こんなことしたの？」という質問、詰問《きつもん》です。

「なぜ、言われたことをちゃんとやらないの？」「どうして、こんな簡単な問題ができないの？」「なんで、あんたはいつもだらしがないの？」などなど……。

こうきかれたら、子どもの答え方は「だって…」となります。理由をきかれているのですから、理由を答えなくてはならないわけです。子どもは理由がわかっていないときも、必死に「理由」になりそうなものや人を探すことになります。**いつも理由を探させていると、答えは「外にあるもの」という思い込みを植えつけてしまいます。**

ここがポイント！

「なぜ？」「どうして？」と問うと、「だって」と原因を外に求め、責任をとれない子になってしまいます。

ワクを越えられない子、チャレンジできない子になる

一定の価値基準のなかで育てられ、評価されてきた子ども、つまり「ほめる子育て」をされ続けてきた子どもは、一定のワクのなかでしか生きられないことになります。

ほかの価値を知りませんし、知ろうとすることもなかったわけですから、**ワクを越えない人間になってしまうのです。**

たとえば親が、意識するしないは別として、偏差値や世間の評価の高い大学へ行くことに高い価値を置き、世間の評価の高い企業に就職することをよしとし、子どもの個性を伸ばしたり生きがいを一緒に探そうという観点をもっていない場合、子どもは、自分が何を好み、何をやりたいのかをじっくり考えることがないまま成長してしまいます。

そして、偏差値で大学や学部を選び、親の進めるままの企業に就職しようとすることでしょう。

そのような子は、たとえば農業にチャレンジしてみようとか、職人になってみようとか、独立して新しい事業をおこしてみようとか、ＮＰＯ法人をつくって社会に役立つことをなりわいとしようといった発想がありません。ワクのなかで、親や世間といった誰かがつくった、何かの価値基準に基づいて生きていくことになります。

ただ、いまはどんな職種、職場でも、与えられた仕事、やり方の決まっている仕事をこなしていればいい、という時代ではなくなっています。厳しい競争に勝つためには、つねにワクにとらわれない斬新《ざんしん》な発想が求められますし、マニュアルにない新たな問題に直面する場面が次々と起こります。

ワクのなかで生きてきた人は、すでに企業でも求められていない、といっていいでしょう。

●失敗が怖くて、一歩を踏み出せない子に

このようにワクのなかで生きてきた人は、何か新しいことに挑戦したいという気持ちをあまりもたないのですが、仮に、未知のことにチャレンジしてみたい、という気持ち

が芽生えたとしても、チャレンジできない人になってしまう可能性があります。

失敗することが怖くて、一歩を踏み出せないのです。

いまは、小さいうちから失敗や未知のことを怖れる子も多くなっています。たとえば、サッカークラブに参加してみたい気持ちがあるのに、知っている友だちがいないと入れないとか、子どもだけの無人島キャンプに興味があるのに、いざとなると親と一緒でないと怖いとか、負けるのがイヤで得意な算数のコンクールに参加しない、などです。

このような子どもの親は、子どもの失敗を回避しようと転ぶ前に先回りして障害物を取り除いたり、うまく歩けるよう手助けしてやってきた場合も多いものです。

いい結果を出すとほめられ、うまくいかないと叱られたり「ダメね」と言われて育てられ、転ぶ前に障害物を取り除かれてきた子どもは、失敗したときの悪い評価を怖れるだけでなく、当然、何かにチャレンジして失敗して、またチャレンジして、という経験を積んでいないので、予測できないことが起こったらどう対応していいかわからず不安なのです。いわゆる「打たれ弱い」人になります。

しかし、失敗を怖れる子が大人になったら、どうでしょうか。

大人になって社会に出たら、もう親はいつもそばにいて手助けはできません。

しかも、これからの世の中、親の古いやり方や考え方では通用しなくなっています。

子どものうちに、チャレンジしてうまくいったり、失敗したり、という経験をたくさんさせてあげましょう。

それが、「生きる力」になるのです。

ここがポイント！

一定の価値基準のなかで生きてきた人は、ワクを越えられません。越えようという発想がないのです。失敗を怖れて、新しいことにチャレンジできない人になります。

ほめることで、進歩がストップしてしまうことがある

ほめられることや評価されることにとらわれていると、ワクのなかで生きていくことになるとお話ししましたが、ほめられ続けていると、無限の可能性がある子どもの進歩が、一定のところでストップしてしまうことがあります。

たとえば、テストで１００点をとることや、勉強やスポーツであるグループのなかで１番になることなど、ある決まったレベルに達することに高い価値を置くような「ほめ方」を繰り返していると、それがその子の目的、目標になっていきます。

そうすると、もっと難しい問題を解いてみようとか、テストには出ないけれど関連したもっと別の発展した知識を得ようとか、もっと上達したいなどと考えなくなります。

自分でワクや限界を設け、１００点をとれるからいいや、１番をとれたからもういいや、とそれ以上努力したり、勉強を深めたりということがなくなっていくのです。

本来、学ぶことはおもしろいものです。五感を使って調べたり、知ることが楽しく、もっと知りたいと自ら探究するものです。問題を解けたり、解法を見つけることも学びの楽しさです。学ぶことは、生き生きとした豊かな価値をもっています。

また、勉強もスポーツも、あるいは何かの技の世界でも、上達に限界はありません。けれど、親が一定のレベルでの「ほめる」を繰り返し、それ以上があることを示さないでいると、子どもは「これでいいや」と自分で線をひいてしまうことがあるのです。

ここがポイント！

１００点をとるなど、一定レベルに達することをほめると、それ以上努力しなくなることがあります。

ほめる子育ては、「現実」から子どもを引き離す

「ほめる」ことを繰り返していると、子どもは「現実」から離れていきます。

これはどういうことか、たとえば、子どもが食器洗いのお手伝いをしてくれた場合で考えてみましょう。

食器洗いをすることで、現実の世界では、どういうことが起こっているでしょうか。

子どもは油汚れが洗剤できれいに消えていくことを学びます。またそのことに喜びを感じるでしょう。さらにどういう手順で洗ったら手早くできるか工夫したり、洗い終えたら手がふやけて「なぜだろう?」と疑問に思ったり、さまざまなことを学ぶでしょう。

食器洗いを手伝ったら、お母さんが、「とても助かった、おかげで早く書かなくてはいけないと思っていた手紙を書くことができた」と感謝してくれた。子どもはお母さんのためになったことで喜びを感じることができた。これらすべてが「現実」で起こって

います。これに対して、お母さんが、

「○○ちゃん、お手伝いしてくれてえらいね」とか、

「食器洗ってくれていい子だね」などの言葉ですませてしまったら、どうでしょう。

「えらい」「いい子」の言葉は、中身のない、現実感のない言葉です。

本来の豊かな体験やそこから得た豊かな学び、感情が、意味不明な言葉でまとめられてしまいます。これを繰り返していると、現実の人間らしい多面的で豊かな世界から、子どもを引き離していくことになります。

現実の世界で五感を通してさまざまな体験をし、笑ったり、泣いたり、悔しかったり、面白かったり、感謝したり、という感情をリアルに得ていくということから、だんだんと離れていってしまいます。

●感受性も弱くなり、表情の乏しい子になる

「えらいね」「いい子ね」ですませられて、現実のお手伝いで喜びを感じられないと、親の見ていないところではお手伝いをしなくなる可能性もあります。リアルな感情もだんだんもてなくなり、感受性や表情の乏しい子どもになっていくかもしれません。

「評価」は、1本のものさしで子どもを測ることです。50か80か100かと数値のみで表すもので、現実感がありません。ものさしには長さしかなく、一次元の世界です。「いい子」「悪い子」となると、○か×か、1か0か、2つに分けるだけです。ひとりひとり多面的で豊かな個性をもった人間を2つに分けてしまう。あまりに非人間的です。

子どものリアルで具体的な面を親が見ようとしないで、単純な「いい」「悪い」でくくることを繰り返していると、子ども自身が現実のなかに生きられず、現実を見られないようになってしまうのです。

ここがポイント！

1本の単純なものさしで評価してばかりいると、子どもが現実から離れていきます。

第2章

「認める」言葉のパワー

――「認める」声かけで「生きる力」がつく――

「ほめる」と「認める」の大きな違いとは？
「認める」は「私」が主語

第1章では、「ほめる」ことのもたらすマイナスの影響について述べてきました。

「うちの子も自分で決められない」「失敗を怖がる」「ずっとほめてきたけど、どうしよう？」「わが子は、もう高校生と中学生。まだ間に合うの？」などと不安になった方もいらっしゃるかもしれません。

ご安心ください。子育てを変えるのは、いつからでも大丈夫です。

中学生や高校生、大学生になってからでもまだ間に合います。

それでは、どうしたらいいのでしょうか。


「ほめる」のではなく「認める」ようにしてください。

「ほめる」と「認める」。同じように思えるかもしれませんね。でも、実はこの2つは、まったく〝似て非なるもの〟なのです。この違いが、子どもを伸ばす鍵なのです。

では、**「認める」とはどういうことか。**私の定義を説明しておきましょう。

「認める」とは、

> ○ **主語が「私」で、気持ち**を述べる
> ○ **「現実」**を認めるもの

です。

「ほめる」は、「あなた」が主語で「評価する」ものでした。その真逆《まぎゃく》です。

「あなたはいい子」「あなたはえらい」「あなたは素晴らしい」。

対して、認めるとは「あなたは素晴らしい」ではなく「あなたがこうしたことを、私（自分）が素晴らしいと思う」です。

対象は、現実です。現実に起こっていることや、おこなった行動、つまり具体的な事実です。点数などのバーチャルなものではありません。

「あなたがお手伝いをしてくれたことで、お母さんは本を読む時間がとれたわ。ほん

とうに助かった。ありがとう」

お手伝いしてくれたこと、本を読む時間ができたこと、すべてが現実です。

その「現実」に対して「私」がこう思う、と伝えます。

「認める」にはいろいろな見方がある

現実を認めるということは、見る人によって違う切り口でとらえることになります。

お父さんからは、お手伝いした子どもに対して、こんな言葉が出てきたりします。

「マサトは、お母さんのことを助けていたね。お父さんね、マサトにはステキな大人になってほしいと思っていたけど、そんな子に育っているとわかって誇らしいよ」

また、おじいちゃんは、「お母さんを助けられるんだね。おじいちゃん、安心したよ」と言うかもしれません。

食器洗いを手伝ったということが、「ほめる」だったら単純に「いい」「えらい」と一面的なとらえ方で終わってしまうのに対し、「認める」では、人によってさまざまに異なる切り口でとらえて認めることになります。

お母さんにとってはうれしい気持ち、お父さんにとっては誇り、おじいちゃんにとっては安心を感じてもらえました。

子どもには、自分の行動が、人によってさまざまな価値につながっていることがわかり、お手伝いをすることにやりがいを感じるようになります。

子どもにひとつの価値を押しつけることは好ましくありません。**いくつもの価値、いくつもの見方を示してあげることは、親の大きな役割です。**世界をどう見るのか、さまざまな見方を教えることこそが、子どもを育てることだと思うのです。

ここがポイント！

「認める」とは、
主語が「私」で、
「現実」を認めるのもの。
人によって
さまざまな見方で認められます。

「認める」は「I《アイ》メッセージ」。第2ステップは「意図的メッセージ」

「ほめる」は「あなた（相手）」が主語であり、「YOU《ユー》メッセージ」といいます。対して、「認める」は「私（自分）」が主語で、これを一般的に「I《アイ》メッセージ」と呼んでいます。

しかし、私は**「I《アイ》メッセージ」**を**「Intentional」（意図的）なメッセージ**の略としても使い、みなさんにすすめています。

「意図的メッセージ」は、次の４つの要素で構成されます。

意図的メッセージ

① **意図**（「こうあってほしい」「こうありたい」という気持ち、背景、ビジョン）
② **起こったことや、おこなった行動**（具体的事実）
③ **その影響**（具体的影響）
④ **ほんとうの気持ち**

前の項目でご紹介した「認める」メッセージは、これでいうと②（または③）と④でした。

ここまでが「I《アイ》メッセージ」の第1ステップです。「私」を主語に、現実に起こったことを認め、気持ちを述べることに慣れてきたら、ぜひ、**第2ステップに進んでください。**

ここで加わるのが**意図（「こうあってほしい」「こうありたい」という気持ち**、背景、ビジョン）です。

これは、認める側にとって「あなたにはこうあってほしい」と思う気持ちであったり、「私はこうしたい」という気持ちであったり、認められる側の「こうありたい」「こうしたい」という気持ちを代弁するものであったり、「こういう状況だから」という背景であったりします。具体的に、前に紹介した、食器洗いを手伝ってくれた例で説明しましょう。

「お母さんね、このところ忙しくて、読みたい本があるのに読めなかったんだ。でもね、マサトが食器洗いを手伝って

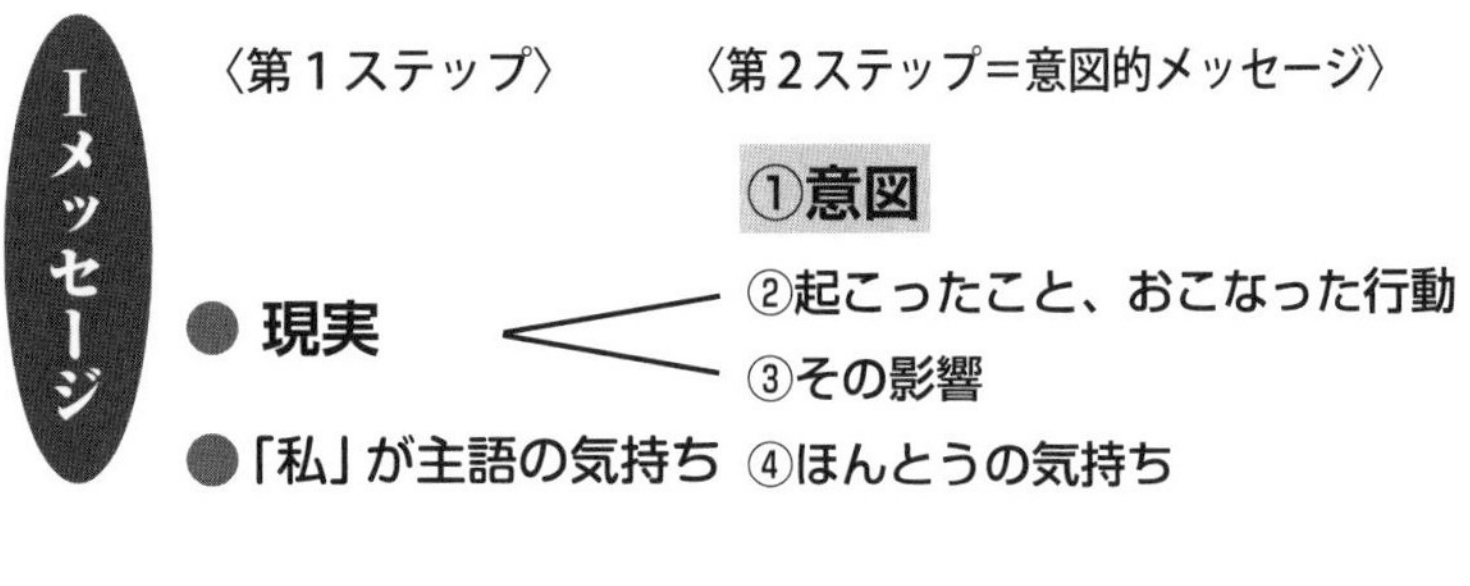

くれたから、時間ができて、その本を読むことができたの。助かったわ。ありがとう」

このなかで「忙しい」は「背景」、また「読みたい本があった」は**意図**となります。

次に「マサトが食器洗いを手伝ってくれた」と「本が読めた」は、**現実におこなった行動**、そして、「時間ができて、その本を読むことができた」は**その影響**です。

さらに「助かった。ありがとう」が**ほんとうの気持ち**です。

次に、お父さんからの「認める」メッセージを分析してみましょう。

「お父さんね、マサトにはステキな大人になってほしいと思っている（意図）。今回、お母さんを助けて（おこなった行動）、そんな子に育っているとわかって（その影響）誇らしいよ（ほんとうの気持ち）」ということになります。

●「認める」には、「こうあってほしい」という「意図」がある

人の心を動かすとき、そこには意図や背景があるものです。たとえば雨が降ったとき、水不足が続いているときなら「うれしい」、明日から旅行というときなら「残念」と思うでしょう。**同じ事実に対して、背景や意図が違うと、異なる感じ方をすることになります。**

ところが、ほめたり比較したりするとき、そこには背景も意図もありません。

「マキちゃんが１００点なのに、エミは70点だった」

「今度のテストはいい点数をとってえらかったね」

このように「比較」や「ほめる」にはなんの意図も背景もないので、言葉が一面的で奥行きがありません。**「認める」ときには「意図」がありますから、同じ70点、同じ１００点でもひとりひとりへの言葉が違ってきます。**

「うっかりミスをなくそうとしっかり練習したから、今回は１００点とれたんだって？ 注意深くやれるようになって、お母さんもうれしいわ」

「文章題が苦手だから、たくさん問題を解いていたのね。目標をもってちゃんとやる子に育っていて、心強いわ」

などと、子どもがそのテストにどういう気持ちで取り組んだかによって、また、親が子どもに対してどういう期待をもっているかによって異なってきます。


ここがポイント！

「認める」とは、「こうあってほしい」という「意図」をもったメッセージです。

ウソのない、「ほんとうの気持ち」を伝える

「認める」ときには、「私の」「ほんとうの気持ち」を伝える、とお話ししました。

実は「ほめる」ときには、「ほめなくては」という義務感から声かけをすることがあり、そんなときには心にない言葉で表してしまうことが多いものです。

でも、**子どもは、親のウソには敏感です。**

本心からではないほめ言葉には、おだてているのではないか、何か自分をコントロールしたいという裏の意図があるのではないかと勘ぐったり、無意識に反発したりします。

しかも「ほめる」言葉のバリエーションはあまりありません。

「えらいねえ」

「上手にできたわねえ」

パターンが決まっているので、子どもも慣れてきてしまいます。

これに対して、「認める」ときには、**「私」が主語ですから、「私」の「ほんとうの気持ち」を表現することになります。**


「手伝ってくれてうれしかった」

「助かったよ。ありがとう」

「みんなと協力してしっかりやっている様子を見て、ほっとしたよ」

「試合で力を尽くしている姿になんだか感動して、涙が出てきた」

「いじめられている子をかばったと聞いて、かっこいいなって、誇らしく思ったよ」

「わが子ながらステキだなあと思った」

「あったかい気持ちになったよ」

●怒りの裏にある、「ほんとうの気持ち」を探ろう

このように、自分の気持ちを言葉にして伝えましょう。

ここでひとつ気をつけてほしいことがあります。

第2ステップの「意図的メッセージ」の「気持ち」にわざわざ**「ほんとうの」**がついているのは、実は私たちは自分のほんとうの気持ちに気づいていないことが多いからな

のです。

たとえば「怒り」です。「間違いなくほんとうに腹が立っているのよ」とおっしゃるかもしれませんが、「怒り」は正確には「人間らしい感情・気持ち」ではなく、「情動」といってワニや蛇などのは虫類レベルの相手に対する攻撃反応なのです。

ですから、そのまま出していると、子どもは自分の親が人間ではなくなっているのを何度も目にすることになるのです。

心理学でも「怒り」は「第2感情」といわれていて、かならずその前に先行する気持ち「第1感情」が別にあります。それが「ほんとうの気持ち」なのです。

たとえば自分の子が迷子になったときに、怒りをぶつけてしまうのは、子どもを「愛していて何より大切で」、ちゃんとついてきてくれると「期待」していて、急にいなくなってしまったので「とても心配で不安」で、事故にあったか誰かに誘拐《ゆうかい》されたかと思うと「怖ろしく」て、こんな思いをしなくてはならなかったことが「とっても苦しくて悲しい」ことだったからですね。

これらこそが「ほんとうの気持ち」であって、これらが自分のなかで扱えなくなってしまって「怒り」に転換してしまうのです。

怒ってしまったあとでもOKです。

「さっきは怒っちゃったけど、ほんとうはこういう気持ちだったの」と伝えましょう。

そうすれば、嫌われたのでも愛されていないのでもなかったことをしっかり受け止められます。

他人《ひと》の気持ちのわかる子に育てたいと言いながら、あなたが自分自身の気持ちをわかっていないで、気持ちを伝えていなければ、子どもは気持ちというものを、やっかいで面倒なものとしてしまうでしょう。

ここがポイント！

「認める」ときには、
「○○してくれてうれしかったよ」
などと「私」の気持ちを伝えます。
「ほんとうの気持ち」を探って、
言葉にしましょう。

「認める子育て」で、生きる力のもと「バイタリティのサイクル」が回り出す

第1章では、「ほめる子育て」による、子どもへのさまざまなマイナスの影響を示しました。大人の顔色をうかがう子になる、自己肯定感の低い子になる、他人をねたむ子になる、自分で決められない子になる、責任感のない子になる、チャレンジできない子になる、感受性の弱い子になるなどでした。

「私」が主語の「意図的メッセージ」で「認める」子育てをすれば、この反対の、自発性、責任感があって、自分で創造したり決めたりできる子どもに育っていきます。

ひと言でいうと、「生きる力」をもった子ども、人間です。

私は、「生きる力」を説明するときに、**「バイタリティのサイクル」**というものを用いています。**「バイタリティ」＝「生きる力」です。活力ともいえます。**

「バイタリティのサイクル」が回っているとき、人は生き生きとパワフルになります。

困難なことにぶつかってもへこたれずに生きられます。大人だったら、バリバリと仕事をしていけます。また、**このサイクルが回っていると、創造性や自発性、協調性やコミュニケーション能力など、多くを身につけることができるのです。**

たとえば、子どもがいたずらをしているときは、このサイクルが回っています。いたずらと聞くと眉をひそめる人もいるでしょうが、起業し会社を大きくした人など、自分らしく成功した人には、かつて悪ガキだった人が多いものです。ホンダの創業者本田宗一郎氏も、あの、サッカー日本代表を率いた岡田監督もいたずらっ子だったようです。好きな先生をちょっと困らせてやろうとか、人を楽しませよう、驚かせよう、おもしろがらせようという悪意のないいたずらは、創造の源泉ともいえるでしょう。

そして、「認める」子育てをすると、「バイタリティのサイクル」が回り始めるのです。

ここがポイント！

「認める」子育てをしていると、「バイタリティ《生きる力》のサイクル」がぐるぐる回り出します。

いたずらをしているとき、「バイタリティのサイクル」が回る

「バイタリティのサイクル」とは、左の図のようなものです。

では、いたずらを例にとってサイクルの内容を順に詳しく説明していきましょう。

まず、**①自分から何かをしたいと思うこと（自発的意図）**です。

いたずらの場合、「先生を驚かしてやろう」といった自発的意図でスタートします。

けっして「ボクも小学生になったのだから週に2回くらいいたずらをしなくては」などと義務感で始めるわけではありませんね。

自分からやろうと思ったことについては、どうやって驚かそうか、と自動的に**②作戦（戦略、戦術）**を練り始めます。

そして、うちの先生怖がりだから、ヘビのおもちゃで驚かそう、などとまず決めます。

ただ、これは戦略で、まだ具体的ではありません。そこで、誰かが、

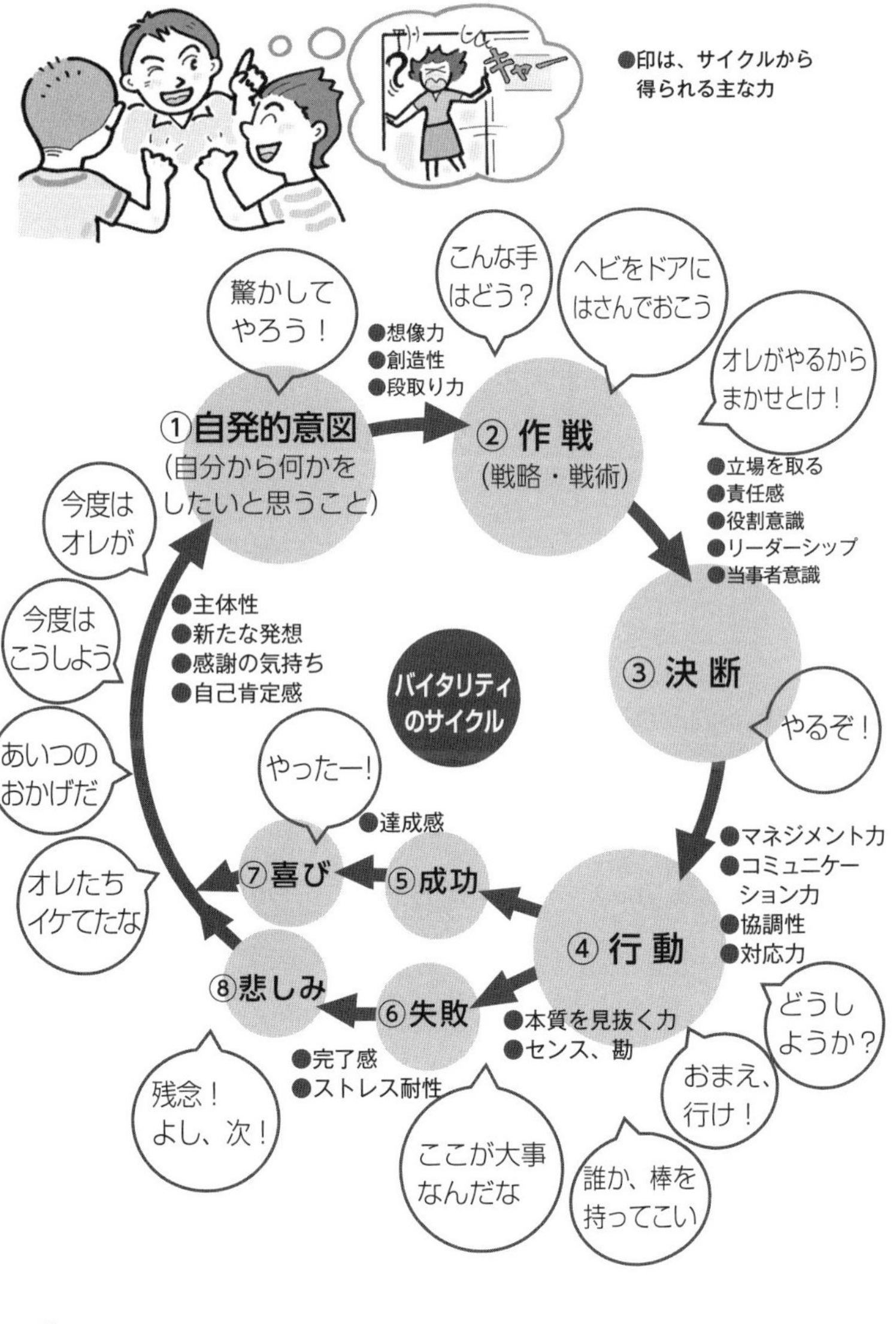
キャー
●印は、サイクルから得られる主な力
驚かしてやろう！
こんな手はどう？
ヘビをドアにはさんでおこう
オレがやるからまかせとけ！
●想像力
●創造性
●段取り力
①自発的意図
(自分から何かをしたいと思うこと)
② 作 戦
(戦略・戦術)
●立場を取る
●責任感
●役割意識
●リーダーシップ
●当事者意識
③ 決 断
やるぞ！
●マネジメント力
●コミュニケーション力
●協調性
●対応力
④ 行 動
●本質を見抜く力
●センス、勘
どうしようか？
おまえ、行け！
誰か、棒を持ってこい
ここが大事なんだな
⑤成功
●達成感
⑥失敗
●完了感
●ストレス耐性
⑦喜び
やったー!
⑧悲しみ
残念！よし、次！
バイタリティのサイクル
●主体性
●新たな発想
●感謝の気持ち
●自己肯定感
今度はオレが
今度はこうしよう
あいつのおかげだ
オレたちイケてたな

「教室のドアを開けたら落ちてくるようにしよう。ドアにはさんでおこう」

とか、また、別の誰かが、

「黒板消しの下に隠しておこう」などと戦術を提案します。

次はさらに具体的な戦術です。

「先生がドアの上を見ないように、誰かが『先生！』と声をかけることで気を引こう」

などと、みんなで、ああでもないこうでもないと、相談します。

これで結果が出そうだとなると、「やるぞ」と③**決断**して④**行動**に移します。

自発的に考えたことだから、行動しているあいだじゅう、ワクワクしています。頭のなかには成功イメージしかありません。

●成功しても、失敗しても「バイタリティのサイクル」は回り続ける

さて、仕組んだいたずらには2通りの結果が待っています。
⑤**「成功」**か、⑥**「失敗」**です。
作戦を立てて、意図通りのことをしたときの成功には、心から「やったー」と⑦**「喜び」**ます。一方、ヘビがうまく落ちてこなかったり、先生が動じなかったり、落ちる前

に見つかって怒られたり、という「失敗」の結果のときは、悔しくて残念で、⑧**「悲しみ」**でいっぱいです。

しかし、いつまでも悲しい気持ちに浸っているわけではありません。

じゃあ、今度こそ見つからないようにしよう、とすぐに次を考えます。

成功した場合も、今度はワニのおもちゃにしようか、ほかの先生にしかけようか、と次につながっていきます。

そして、このサイクルはぐるぐる回ります。

だから、いたずらは飽きるまで、やり尽くすまでやるのです。

ここがポイント！

認めて育てると、自分から何かをやりたいと始め、作戦を考え、実行して、失敗してもやり直すということができるようになります。

「ほめない、認める子育て」で、創造性や段取り力、コミュニケーション力がつく

「ほめない子育て」「認める子育て」をしていると、「バイタリティのサイクル」が回り始めますが、「バイタリティのサイクル」が回ると、そこから、山ほど得るものがあります。実にさまざまな、重要な能力や資質がつくのです。

そのいずれもが、学校生活で、勉強や習いごとやさまざまな活動で、そしてやがては社会で生きていくうえで、また仕事をするときに必要となる力ばかりです。

まず、他人から指示されたのではなく、自分からやりたいと思って始めるわけですから、ものごとを創《つく》り出す力、**創造性**が育ちます。

また、「こんなふうにやったら結果はどうなるかな？」と予想する**想像力**や、ものごとをどういう順でどうやっていったらいいかを判断する**段取りを考える力**も必要となります。

たとえば、クラス新聞をグループで作る、といったとき、どういうものができるかを想像して、いつ、どの段階で誰が何をすると段取りを考えて準備する力は、学校生活でも、もちろん仕事においても非常に大切です。

スイッチを入れると、すでに敵もルールも道具もプログラムされたテレビゲームに慣れ親しんでいるいまの子どもたちは、いたずらをしたり、新しい遊びを創り出したりということがあまりないようです。段取りがなされた遊びは、「決断」や「行動」からスタートすることになります。テレビゲームをあまり日常的にやっていると、この、自分で段取るという力がつきにくくなります。

何かを思いついてもやり方がわからず、いつも誰かに準備してもらうことになります。あるいは、そもそも何かを新しくやろうという気持ちが起こらない子になってしまう可能性があります。自我がほぼ確立する10歳より少し前までは、テレビゲームをやらせないか、最小限に留《とど》めることをおすすめします。

●責任感が自然に生まれる

自分たちで作戦を考えた子どもたちが、いよいよ決断をするとき、かならず、

「よし、オレがゴーサイン出すから」と自らリーダーになろうとする子が出てきます。

すると、「じゃあ、ボクは見張りをやる」などと自分で役割を考えて引き受ける子も出てきます。あるいは、「次はオレに任せてよ」と言い出す子もいます。

みな、自分たちの考え出したことだから、自分で引き金を引きたいのです。

つまり**「当事者意識」**があるということです。「他人事《ひとごと》」ではなく「自分事」です。

子どもの学校の係にしても、PTAの役員の仕事にしても、しかたなくやることになった係や役員の場合、当事者意識が薄くなり、リーダーに指示されたことだけをやるようになりがちです。一方、自分がやりたいと言い出した仕事なら、進んで会合などにも参加するようになり、**責任感**が自然に生まれてくるものです。

会社でも、指示されたことだけをやっていればいい、といった当事者意識の薄い組織ではこのサイクルが回っていないので、責任感も薄く、パワーが出てこないのです。

さて次に、決断から「行動」に移る段階では、

「誰か棒を持ってないかな」

「足の速いやつが見てこいよ！」

「おまえ、小さいからここに隠れてろ！」

などと、誰にどういう役をさせようかと考えたり、必要なものを手配したりする力がついてきます（会社の社長や管理職に必要となる力で**「マネジメント力」**といいます）。

また、相談したり、合図をし合ったりするなかで、**協調性を含むコミュニケーション力**もついてきます。

さらに、成功したり失敗したりの結果が出ると、「このタイミングが重要なんだ」「ここがポイントだな」などと、**本質を早く見抜く力や勘、センス**をつけることができます。

ここがポイント！

「ほめない」子育て＝「認める」子育てで
「バイタリティのサイクル」が生まれます。
創造性、段取り力、当事者意識、
責任感、コミュニケーション力など
多くの力がついてきます。

失敗したことで、ストレスに耐える「心の筋肉」がつく

まだ、ほかにも得るものがありますので、ご紹介しましょう。

いたずらに成功したら「やった！」と、達成した喜び、**達成感**を得ることができます。

逆に、失敗したとしても、**完了感**を得られます。

この**「完了感」とは「終わった、失敗しちゃった、じゃあ次はどうする？」と、すぐ次に向かう感覚、過去をいつまでも引きずらない感覚のことです。**深く落ち込んだり、グチを言ったり、いつまでもくよくよしたりせず、失敗から学んで次に進む意識です。

失敗体験をたくさん積むことは、大人になって仕事や家庭生活でうまくいかないことがあったり、ストレスを感じたときにも打ちひしがれたりせず、しなやかに対応して生きていくために非常に大切です。

失敗しても、そこから学び、「よし、終わり。さあ、次！」と進められることは、こ

れからの世の中を生きていくうえで、大きな力となってくれます。

ストレスに耐えた経験のあとは、重いものを持ったあと筋肉がつくように、「ストレス耐性」という心の筋肉がついています。「バイタリティのサイクル」が回っているときは、失敗のなかでその力を身につけることができるのです。

さて、成功してみんなで喜ぶと、「よくやったよな！」と認め合ったり、「○○くんがいたからだ」と感謝し合ったりします。失敗した場合も、「オレたち、けっこうイケてたよな」（自己肯定感）などとお互い認め合います。

そして、反省したり、新しい発想が生まれたり、「今度はオレが」と新しい主体性が生まれたりして、また、次のサイクルに入っていきます。

ここがポイント！

達成感、完了感、ストレス耐性がつき、新たな主体性が生まれます。

「バイタリティのサイクル」の源泉は、自分からやりたいと思う気持ち、作戦、決断

この「バイタリティのサイクル」のなかで、とりわけ重要なのが、最初の**「自分からやりたいと思う気持ち**（自発的意図）**」「作戦**（戦略・戦術）**」「決断」**の3つです。

この3つがサイクルの源泉です。

自分でやりたいと思い、自分で作戦を考えて、決断しておこなったことであれば、自分で責任をとります。また、喜びも悲しみも自分のものです。

自分でおこなえば、「バイタリティのサイクル」は最後まで回ることが多いのです。やらされていることがうまくいっても大きな喜びにはなりませんし、次なる新たな発想は生まれてきません。うまくいかなければ、不快感が残ります。

ところが、この3つのプロセスを学校でやらせてもらえないことが多いのです。

学校の先生は、文部科学省や教育委員会で決めたことを教えなくてはなりません。カ

リキュラムに沿って、先生が一方的に教えるのが学校です。

自分から学びたい、もっと深く知りたいという子どもの気持ちを大事にして、教室を出てカリキュラムから離れた探究をするということはほとんどありません。

子どもはもともとこのサイクルで回っているのに、このサイクルにしたがって学ぶことができないのです。

しかも、「ほめる＝評価する教育」ですから、子どもたち自身、学ぶことの楽しさ、喜びを知らず、与えられたことをやればいいと思っている子どもが大半でしょう。

いま子どもたちは、自然を相手に遊んだり、大勢でルールをつくって遊んだり、いたずらをしたり、という機会がとても少なくなっているので、学校以外の場でも、サイクルが回る経験がほとんどできなくなっています。

ここがポイント！

自分からやりたいと始め、作戦を考え、決断する。「バイタリティのサイクル」でこの3つがとくに重要です。

キレたりしない、人間らしい「喜び」「哀しみ」を感じられる人になる

「喜怒哀楽」という言葉を知っていますね。

喜び、怒り、哀《かな》しみ、もうひとつは「楽《らく》」です。「楽」を「楽しい」の意味だとすると「喜び」と似ているので、「楽」は「楽《らく》をする」の意味だと私は考えています。

この4つのうち、人間のレベルの感情は、「喜び」と「哀しみ」です。

「怒り」と「楽《らく》」は、は虫類でももっている、ひとつレベルの低い感情です。感情というよりは「情動」といった種類のものです。

ワニでもお腹《なか》がすけば凶暴になって怒りますし、お腹がいっぱいになればだらーんとします。

いま、子どもはキレているか、だらだらしているだけ、ということが少なくありません。

もちろん、喜びや哀しみといった感情がないわけではないのですが、こうした人間ら

しい豊かな感情をもち、表現することが少なくなっていないでしょうか。

与えられた勉強をし、作られたテレビ番組を見、プログラムされたゲームで遊び、だらーんとして、嫌なことがあると怒る。

それで幸せでしょうか。

こんな子どもになっていないか、子どもを見てみましょう。

また、ほめられて育ち、評価されたいと親の顔色をうかがってきた子どものなかには、自分の感情を押し殺すことに慣れ、やがて自分の自分らしい感情がなくなってしまっている子もいます。心の底から笑ったり、手をたたいて喜んだり、声を出して泣いたりということがなく、感受性の弱い、表情に乏しい子どもも多くなっています。

一方、サイクルが回っている人は、自分から何かをやりたいと始め、自らさまざまに作戦を立てて、自分で行動を起こしていますから、その結果に対し心から喜びを感じたり、悲しさや悔しさ、感謝の気持ちなどを豊かに感じます。

そうして、感受性のある、生き生きとした人間らしい人になれるのです。

ここがポイント！

喜怒哀楽のうち、「喜び」「哀しみ」が
人間らしい感情です。
「怒」と「楽《らく》」だけになっていませんか？
「バイタリティのサイクル」が
回っていると、豊かな感情が育ちます。

第3章

「認める」声かけのレッスン

――「Iメッセージ」のつくり方――

「Iメッセージ」は、バイタリティのサイクルをぐるんと回す、エンジンのキー

第2章では、「バイタリティのサイクル」について詳しくお話ししてきました。

このバイタリティのサイクルの図（68ページ）を見て気がつかれた方も多いかもしれませんが、このバイタリティのサイクルの順番と、58ページのI《アイ》メッセージ（意図的メッセージ）の順番が一致しているのがおわかりですか？

左下の図をご覧ください。

バイタリティのサイクルの①自発的意図から③決断までは、広くとらえると「こうしたい」という「意図」と考えられ、意図的メッセージの「意図」と重なります。ほかの要素も同様に一致します。

本来、バイタリティのサイクルは本人が行動して現実の中で体験しないと回らないものです。いたずらや自由な遊びのなかで、自然に回り出すとお話ししましたね。

でも、ありがたいことに私たちには「想像力」というものがあります。

ですから、あなたが**このメッセージ、つまり、「意図」を伝えて、現実を認め、気持ちを述べる「意図的メッセージ」をしっかり伝えられれば、まず子どもの中でバイタリティのサイクルがぐるんと回るのです。**

つまりこのメッセージは、人のエンジンのスターターモーターをかけるキーといえるのです。

「I《アイ》メッセージ」（意図的メッセージ）を使うことで、子どもの「バイタリティのサイクル」が回るサポートをすることができるのです。

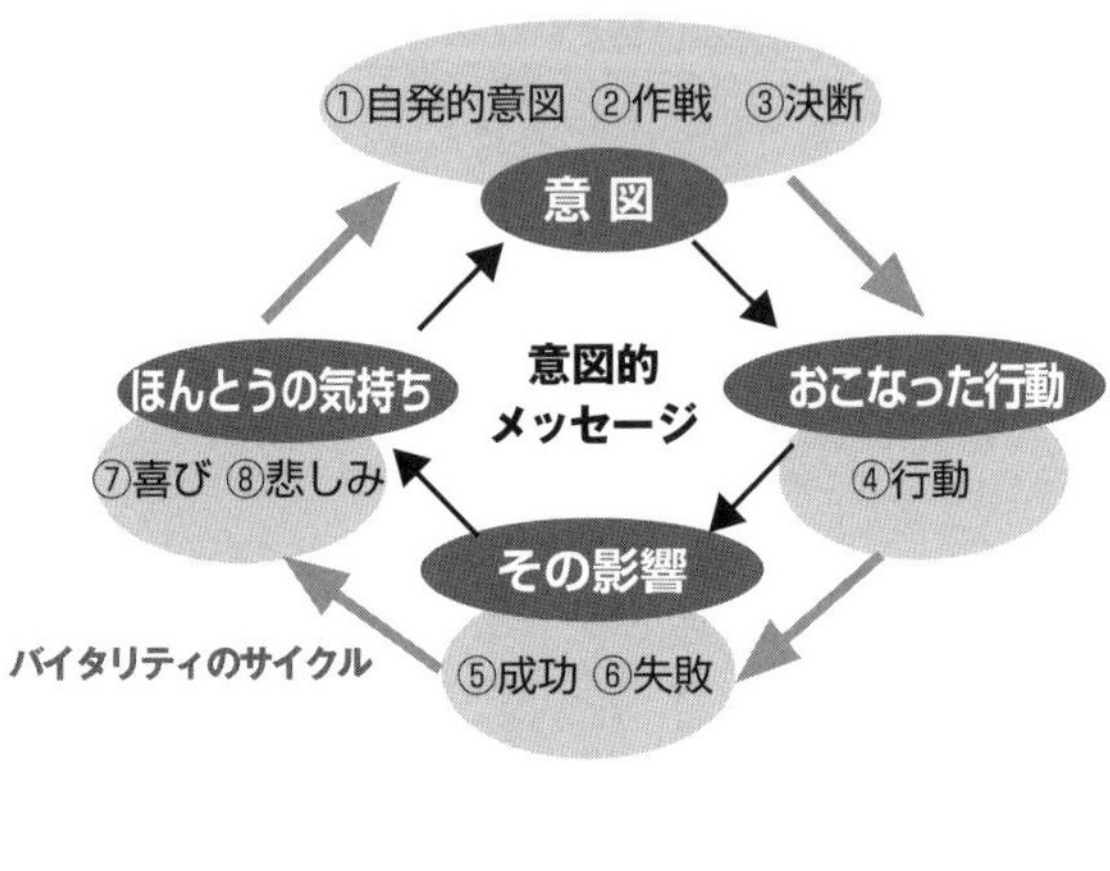

●「I《アイ》メッセージ」のつくり方

では、「I《アイ》メッセージ」の基本を復習しておきましょう。

第1ステップは、主語が「私」、「現実」を認め、気持ちを述べるものでした。

第2ステップは、4つの要素を意識した**「意図的メッセージ」です。**

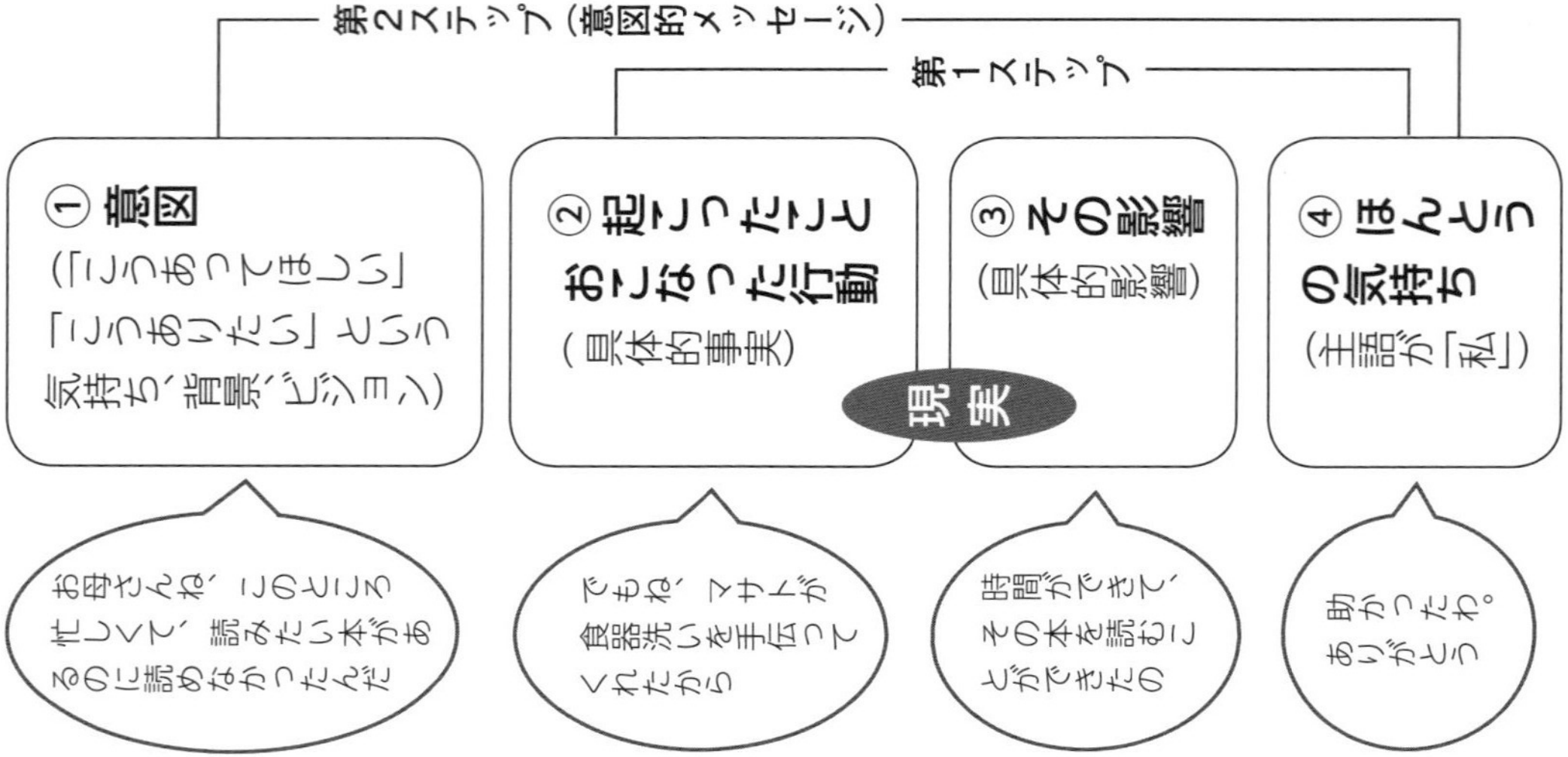

第2ステップ（意図的メッセージ）
第1ステップ
① 意図
（「こうあってほしい」「こうありたい」という気持ち、背景、ビジョン）
② 起こったことおこなった行動
（具体的事実）
③ その影響
（具体的影響）
④ ほんとうの気持ち
（主語が「私」）
現実
お母さんね、このところ忙しくて、読みたい本があるのに読めなかったんだ
でもね、マサトが食器洗いを手伝ってくれたから
時間ができて、その本を読むことができたの
助かったわ。ありがとう

なお、**メッセージには、つねに４つの要素が揃わなくてもかまいません。最初は「手伝ってくれて助かったわ」（②と④）だけでもかまいません。**

また、③と④、②と③と④、①と②と③など、２つか３つでもＯＫです。少しずつやってみましょう。

次項から、４つの事例をもとに「Ｉ《アイ》メッセージ」のつくり方を具体的に学んでいきます。

ここがポイント！

「Ｉ《アイ》メッセージ」で子どもの「バイタリティのサイクル」はぐるんと回ります。
「意図的メッセージ」は４つの要素が基本です。

レッスン——あなたなら？

Q1 子どもがテストで100点をとり、うれしそうにしていたら？

A「100点とるなんて、すごいね！
次は国語も100点めざそうね」

B「ユミも頑張ればできるじゃない！
なんで、いままで頑張らなかったの？」

C「そうか、うれしいんだね」

子どもの気持ちを受け取ろう

次の目標は自分で決める

子どもが100点をとった。つい言ってしまいそうな言葉が「すごいね」でしょう。

しかしAは、「あなた（相手）」が主語の「ほめる」メッセージです。

「あなた」は100点をとったからすごい、頑張ったからえらい。

と同時に、裏に「100点をとらなかったり、頑張らなかったらいい子ではない」というメッセージが含まれてしまいます。

「ほめる」ことで子どもをコントロールしようとしています。この声かけを繰り返していると、親に評価されないと取り組まない、ひいては何か見返りがないことはやらない、人のために役立とうとしない子になってしまう可能性があります。

また、Aは、点数での評価を絶対視していて、子どもがこのテストにどう取り組んだのか、100点をとってどういう気持ちなのかは見ていません。

さらに、次の目標を親が示すのも望ましくありません。100点をとって「じゃあ、次は」とサイクルがせっかく回り始めているところに親が介入すると、自分のサイクルが止まり、親のワクのなかで動くことになってしまいます。

Bの、「頑張ればできるじゃない！」の言葉の裏には、いままで、ユミは「頑張らない子」「できない子」と思っていた、というメッセージも読み取れます。

せっかく結果を出したのに、過去のことをもち出されてはいい気持ちはしません。あるいは、以前からしっかり勉強していたのに結果を出せていなかったような場合は「前からちゃんとやってたよ」と親の無理解にがっかりすることでしょう。

子どもは今回のテストに向けて何か自分なりの目標をもって取り組んだのかもしれません。それを本人に尋ねることで確認し、まず認めます。

過去にではなく、「いま」の子どもを見ましょう。また、「なんで」という質問は「だって」という言い訳を要求します。過去を振り返る質問ではなく、「どういうところを頑張ったの？」と今回のテストについて聴いてみましょう。

点数や順位じゃない。取り組んでいたことがうれしいな

ここではCがいちばん望ましい声かけです。

まずは、子どもの気持ちをそのまま受け取ることが大切です。一般的には「受け止める」と言いますが、私はあえて「受け取る」という言葉を使っています。「受け止める」のように自分事としてかかえこんでしまうのではなく、**何も足さず、何も引かず、ただそのままをキャッチする**というニュアンスです。

うれしそうだったら、「うれしいんだね」とそのまま言葉を返します。

100点といっても、ケアレスミスをなくそうと取り組んだ結果なのか、苦手な記述問題をクリアしようと準備した結果なのか、Sくんに勝てたことがうれしかったのか、わかりません。そのままの気持ちを受け取ると、子どものほうから、「いつも計算をミスしてしまうから、ミスがなくなるように練習していたんだ」などと話してくれます。そうしたら、

「そうか、お父さんはユミにあわてずにものごとに取り組める子になってほしいと思っていたけど（意図）、自分で努力してミスをなくすように取り組んでいるんだね（現実）。うれしいな（ほんとうの気持ち）」と「意図的メッセージ」で認めます。

どんなことをしたか、これまでとどんな「違い」がつくれたかが大切です。点数や順位じゃない、お父さんはそこを見ているんじゃないよ、と伝えましょう。

レッスン――あなたなら？

Q2 子どもが野球の試合に勝ったときは？

A「よく勝ったな。えらいぞ」

B「どんな気持ちで対戦したの？」

「あの球をキャッチしたのは感動したよ。

C あれでチームの雰囲気が盛り上がったね。

よく走ったな」

ヒーローインタビューをしよう

どんな気持ちで試合に臨んだか、聴いてみる

試合に勝ったり負けたりしたあとの声かけは、試合を見ていなかったり、競技のことがわかっていなかったり、あるいは子どもがどういう気持ちで臨んだのかをわかっていなかったりするような場合は、ピントはずれになることがあります。子どもがうれしかった瞬間、悔しかった瞬間が、親がそうと思った瞬間と大きく違ってしまうこともあり、

「ちゃんと見ていてくれたの?」

「ぜんぜんわかってないんだから」などとがっかりさせてしまうことも、しばしばあります。

試合をよく見られなかった場合や、子どもの気持ちが把握できていないかもと感じる場合は、Bのように質問します。このように、**どういう気持ちで、どういう意図で試合に臨んだのか、本人に尋ねてみればよい**のです。

試合後のヒーローインタビューです。

子どもは嬉々《きき》として答えてくれるはずです。

「3回負け続けているから、絶対リベンジするぞって気持ちでやったんだ」

「格上のチームだから当たってくだけろという気持ちで戦ったんだ」

あるいは、

「格下のチームだから、新しい技を試しながら勝つつもりで当たったんだよ」

「不調だったから調整のための練習試合だったんだ。勘が取り戻せたからよかったよ」

などさまざまなケースが考えられます。

本人の意図にかなった結果なら「あなたが目標を達成できて喜んでいることが私はうれしい」、かなわなかったら「残念だね」と伝えます。つまり、**相手に起こっていることを受けてのあなたの気持ちを伝える**のです。また、「あなたのファンとして、あなたの目標を聞かせてくれてうれしい」という気持ちも伝えることができたら、次は試合の前に自分から話してくれるかもしれません。

ヒーローインタビューですから、「えらいね」など、そもそも出てきませんね。

観戦した場合は、感想を伝えよう

Ｃは、試合をよく見ていた場合の会話です。

このように、試合を観戦していた場合は、まずは率直に感想を述べます。

Ｃのように具体的な事実を認めて、さらにその影響を伝え、気持ちも述べられればなおいいでしょう。

そのうえで、Ｂのようにヒーローインタビューをすればいいのです。

Ａは「勝った」ことだけを評価しています。どんなふうに取り組んだのか、試合に向けてどんな努力をしたのか、いま、どんな気持ちなのかなどを、何も見ていないし、聴こうともしていません。

「えらいぞ」も具体性のない言葉です。

また、勝てばえらい。では、負けたらどうなのか。

「事実」をしっかり見るか、聴き、それをもとに認めないと、子どもは「現実」から離れていってしまいます。

レッスン――あなたなら?

Q3 子どもが、言われなくても宿題をやったら?

A 「言われなくてもやれるなんて、いい子ね」

B 「今日は宿題を早くすませたね。どうして早くすませたの?」

C 「あら、今日は自分から宿題をやったのね。どうしちゃったの?」

進んで宿題をやることの「意図」は？

言われずにやることより、優先順位がつけられることが大事

Aは、自分から進んでやった子には、あまりぴんとこない声かけです。

言われてやろうと、自分からやろうと、宿題をやることには変わりはありません。

そもそも宿題は学校から言われてやることが前提のものです。「自分からやること」に焦点を当ててほめる人が多いのですが、重要なのはそこでしょうか。

社会では、基本的に仕事は言われてやるものです。そこで重要になるのは、やることの優先順位がつけられたり、早くやらないことが後々どんな影響があるかを見通せる、ということです。

親は最初から「宿題をやりなさい」と指示せず、まずは任せてみましょう。早くやらなかったことで困り、後悔するという経験をすることも大切です。

あるいは、「今日の宿題は何？」「今日は何時《なんじ》から宿題をやる予定？」とさりげなく声をかけてみるのもよいでしょう。

親が「意図」を示してあげる

早くすませることができたときは、Bのように「どうして早くすませたの?」と聴いてみましょう。

うまくいかなかったとき「なぜ?」と問いただすのはNGですが、うまくいったとき、できたときこそ、「なぜ?」と聴きましょう。うまくできた理由を探らせるのです。すると、

「今日は宿題が多かったから、早くやらないと寝不足になると思ったから」とか、

「テレビで見たいアニメがあったから」

などと答えるかもしれません。

そこで、**親に言われる前に自発的にやったことが、どんな「意図」にかなっているのか、どんな結果が得られたのかを示してあげましょう。**たとえば、

「お父さんはカズに、先のことを予測して、いま何をしなきゃいけないかわかるようになってほしいと思っているんだ(意図)」

早く宿題を終えたことで、いま家族で楽しくテレビを見ることができている、

その事実に目を向け、

「早めに宿題をすませたのと、そうじゃなかったのと、どっちが充実してたかな？　それがわかって（影響）よかったと思うな。それにこうしてみんなで過ごせて、お父さんはうれしいよ」

とほんとうの気持ちを伝えます。

からかってはいけない

Cの「どうしちゃったの？」のように子どもをからかったり、笑ったりするのは反発を招くだけです。

このようにかかわってしまう裏には、親が「わが子は言われないとやらない子」と決めつけている可能性があります。でも、親がこのように子どもを否定的にとらえていると、子どもも「どうせダメな子なんだ」と自分を否定的に見るようになってしまいます。まずは、**子どもに対する否定的な決めつけをやめましょう。**

むしろ「ほんとうは、ちゃんとやれる子だと思っていたんだ。その通りだったね」と、子どものために、子どもを信頼している姿勢を見せるべきです。

レッスン――あなたなら？

Q4 子どもが、ステキな砂のお城を作ったときは？

A「上手にできたね！」

B「おもしろい形のお城ができたね。どうしてこのお城を作ったの？」

C「いい形だね。ここをもっと細くしてごらん」

さまざまな観点を示そう

上手・下手で評価したら、のびのび作れなくなる

公園の砂場か、海岸でのことでしょうか。

砂で大きな造形物を完成させた。おそらく、自分からやりたいと始め、作戦を考え、試行錯誤しながら完成させたのでしょう。

まさに「バイタリティのサイクル」が回っている状態です。

そんな状態のときにＡの「上手にできたね」という声かけですませてしまっては、あまりにももったいないです。

子どものいろいろな工夫や努力や思いのこもった作品を、Ａは「上手」「下手」という単純で味気ない価値基準ではかり、すませてしまっています。

これでは、せっかくのサイクルが止まってしまいかねません。親のワクに入ってしまえば、もうサイクルは回らなくなります。

また、Ｃのように親が子どもの作品に口出しすることは、やはり子ども自身の「こ

う作りたい」という意図を置きざりにしていることになります。この場合もサイクルはストップしかねません。

まずは、事実を認め、気持ちを伝える

もし、作っている過程をよく見ていたのであれば、まずはその事実を認め、感想を伝えればよいでしょう。

たとえば、途中で壊れることがあっても最後まであきらめずに作り上げたとか、独創的な工夫をしたとか、誰にも手伝ってもらわずにひとりで完成させたとか、妹と協力して作ったとか、見ていてそれがわかっていれば、まずその点を認めます。

「ママね、ミドリが最後までひとりで作りきったのを見て、うれしかったわ」

「誰にもまねできないようなお城だね。パパは、お城作りでどんなふうにミドリらしさを出してくれるか楽しみにしていたんだ。こんな形のお城ができて、ほかのどんな子とも違うのを作るなあって、感動したな」

「今日はどんな発見があるのか楽しみにしていたけど、土台からしっかり作ったり、水の加え方を工夫したりして、いろんなことを学んだね」

「何度も失敗しながらとうとう完成させたんだね。失敗してもすぐにやり方を変えて作り直しているミドリに、パパはたくましさを感じたよ」

親のメッセージを伝えたら、Ｂのように、

「どうしてこのお城を作ったの？」「どんなふうに作りたかったの？」と聴いてみましょう。うまくいったときの「なぜ？」です。

誰かに見てほしかったのかもしれないし、誰かと競っていたのかもしれません。

学校の工作が思うようにできなかったので、「こんどこそは」という気持ちで作ったんだ、と答えるかもしれません。

さらに、「作ってみてどうだった？」と尋ねます。

「こうできてうれしかった。でも、ここができなくて残念だった。今度はここをこんなふうにしたい」

など、いまの気持ちだけでなく、次にどうしたいかという思いも出てくるかもしれません。

子どもから見たらこの部分が、親から見たらこの部分が素晴らしかった。異なるかもしれませんが、異なることで、いろいろな見方があることを学べます。

子どもをさりげなく観察して、ありのままを受け入れよう

ここまで、４つの具体的な事例をもとに、子どもへの「認める」声かけのしかたを学んできました。

ここからは、「認める」声かけの心構えやコツをいくつかご紹介していきます。

子どもを「認める」には、また、「認める」メッセージを伝えるには、子どもに関心をもち、よく観察して、子どものことをよく知っていることが大切です。

子どもがどんな個性をもっているか、いま、どんなことに興味をもっているか、夢中になっていることは何か、悩んでいることは何かあるか、好きな友だち、気の合う友だちは？　など、さりげなく観察しましょう。

わが子のことは親がいちばんよくわかっているよ、とおっしゃる方もいるでしょう。

でも、実は子どもをそのままの姿ではなく、**親の思い込みでとらえていることがよく**

あるのです。

たとえば「うちの子はおっとりしている子」と思っていたら、先生から「活発なお子さんですね」と言われ、はじめて気づくということがあります。また、逆に、「お子さんはお友だちとの遊びの仲間に入らないでひとりで見ていることが多いですね」と言われたりすると、「うちの子は友だちができない」「社交性がない」「協調性がない」などと思い込んで、心配したりします。

でも、実際によく観察してみると、友だちのなかには入っていかなくても、友だちの遊びをよく見ていてそれだけで楽しんでいたり、仲間に入る間合いをはかっていたり、何かを学んでいるという子もいるのです。先生の話を言葉通りに受け止めるだけではなく、わが子が友だちと遊んでいる姿をよく見てみるといいでしょう。

●子どもは毎日成長し、変化している

また、通知表の評価や、友だちと比べてみたり、誰かに言われたりしたことから、

「うちの子は運動は苦手」

「ブロック遊びは好きだけど、お人形には興味がない」

「うちの子は落ち着きがない」

などと決めつけてしまうことがあります。

でも、**子どもは日々成長し、変化しています。昨日好きだったことと今日好きなことは、違っていることもあります。**友だちの影響や、ちょっとしたことがきっかけで、興味の対象はかんたんに変わったりします。性格も変化しますから、「わが子の性格はこういうタイプ」と決めつけないほうがいいでしょう。

小さいときは友だちとうまく遊べなかった子が、中学生になったらクラスの人気者になっていた、シャイだった子が、リーダーを引き受けるようになった、などはどこにでもよくある話です。**過去はどうだったからではなく、今日はどうだろう、といま目の前にいるわが子を観察しましょう。**

また、これまでお話ししてきたように、**子どもを見るときに、「いい」「悪い」といった一面的な見方で見ないことが大切です。**

たとえば、さきほどの例のように、「友だちと遊んでいない」と先生に言われると、とてもよくないことと心配になるかもしれません。でも、幼児のうちは、大勢の友だちと遊ぶより、自分の世界で遊ぶことが楽しく、アリの行列を眺めたり、ひとりで積み木に夢中になっているといったタイプの子もいます。その探究心や集中力が成長してから大きな力になることもあります。

子どもを「いい」「悪い」という観点からも解き放って、そのまま受け入れましょう。

ここがポイント！

子どもをよく観察して知りましょう。「うちの子はこういうタイプ」と決めつけず、「いい」「悪い」の観点で見たりもせず、ありのままの「現在」のわが子を受け入れましょう。

子どもの話の聴き方にはコツがある。さえぎらず、言葉をそのまま受け取る

子どもを「認める」には、子どもをよく観察することが大切とお伝えしました。

しかし現実には、四六時中子どものことを観察していることはできません。**子どもを知るためには観るだけでなく、子ども自身に聴いてみるのもひとつの方法です。**

といっても、「聴き方」にはちょっとコツがあります。

「今日は何があったの？」

「誰と何して遊んだの？」

と矢継ぎ早に質問攻めにするのはやめましょう。

子どもが話したくなるような雰囲気をつくり、

「今日は、なんだかうれしそうだね」などと水を向け、子どもが話し出したら耳を傾ければいいのです。

「あのね、今日、ドッジボールやったの」

「そう、ドッジボールやったんだ」

子どもの言葉をそのまま返すようにすることで、受け取ります。

ここで、「誰とやったの？」「うまくできた？」「当てること、できたの？」「勝ったの、負けたの？」などと**質問せず、さらに聴き続けます**。

「それで、エリちゃんと、カナちゃんに当てたの」

ここで、「え、すごいじゃない」「うまいのね」などと**ほめてあげたくなる気持ちをぐっと押さえ、さらに最後まで聴きます**。

「それから、リョウくんも当てたの」

「そう、何人も当てたのね」

「そしたら、こんどはリョウくんにぶつけられたの。痛くて泣いちゃった……」

「痛かったんだ。泣いちゃったのね……。ケガはなかったの？」

このとき、「リョウくんたら、そんな痛いボール投げてひどいわねえ」

「悔しかった？」

などと**勝手な解釈をしたり、質問し返したりはしないで、まだ聴きます**。

「だいじょうぶだったよ。あー、ドッジボール、おもしろかった」

「おもしろかったんだ！」

●途中で意見を言わないで、最後まで聴く

このように、子どもの言葉を、そのまま返すようにしながら受け取ります。

途中で評価したり、意見を言ったり、話し終わっていないのに質問したりせず、ひたすら最後まで聴ききります。

すると子どもは、ぶつけられて痛い思いをしたのに、そのことは引きずっておらず、「あー、おもしろかった」と感想を言っています。

その前に親が、「ひどい」「悔しかった」などとコメントしてしまうと、おもしろかったと感じているのに、「ひどいことされたのかな？」「悔しいことだったのかな？」と親の言葉に影響を受け、自分のなかのほんとうの感情を見ようとしなくなります。

子どもの話がいったん終わっても、さらに、「ほかにはない？」と聴いてみてください。するると、まだ言い足りなかった場合はさらに話してくれたりします。

このように、子どもの話を途中でさえぎることなく最後まで聴ききりましょう。

ここがポイント！

子どもの話を聴くときは、
質問攻めにせず、ただ、聴きます。
途中でさえぎったり、評価したり、
勝手に解釈したりすることなく、
最後まで聴ききることが大切です。

結果がよくなかったときは、プロセスや取り組んだ姿勢を認める

子どもの出した結果が思わしくないとき、親はどう認めたらいいのでしょうか。

頑張って練習したのに、試合で負けてしまった、一生懸命勉強したのにいい点数がとれなかった、そんなときは、そこに至る行動やプロセスを認めましょう。

「毎日コツコツとテストに向けて問題を解いていたね」

「遊びに行ったりしないで、時間をうまく使ったんだね」

「きつい練習にも自分から進んで耐えていたね」

「目標に向けて努力ができる子に成長してくれて、誇らしいよ」

ただ「頑張っていたね」と抽象的な言葉をかけるのではなく、**どんなふうに取り組んでいたのか、具体的に声かけします。**

では、プロセスも好ましくなかった場合はどうしたらいいでしょうか。

やりたかったのに行動しなかった、計画は立てたのに実行できなかった、そんなときは「取り組もうとした姿勢」を認めましょう。

「今回、計画をしっかり立ててやろうとしていたね」などと具体的に認めます。

あるいは、結果を受け止めて反省しているのであれば、**その反省する姿勢を認めます。**

「準備が足りなかった。今度からはもっと早くから準備したい」と反省していれば、

「うまくいかなかった理由を他人《ひと》のせいにしたりせず、自分の責任と受け止めているのを知ってうれしく思ったよ」

「次にどうしたらよいか、自分で考えているんだね」などと受け止め、伝えましょう。

ここがポイント!

結果がよくないときは
行動やプロセスを、
プロセスもよくなかったときは、
取り組もうとした姿勢を認めます。

よいことだけでなく「悪いこと」も認めよう。「叱る」ではなく「認める」には？

子どもが好ましくないことをしたとき、どのように声をかけますか。

「そんなことをしちゃいけません、ダメな子ね」

「悪い子ね」

などと叱《しか》りますか。

でも、**ダメな子、悪い子、という言い方をすると、子どもは全人格を否定されたような悲しい気分になり、心は深く傷つきます。**

これを繰り返していると、

「自分はどうせダメな子なんだ……」

「何をやってもできないんだ……」と自信を失い、いじけて、自分に対して否定的な感情をもつようになってしまいます。また、ボクは悪い子だから、ママに好かれていないんだ……と、疑念ももつようになるでしょう。そして、自分に自信がないので、新しいことにチャレンジする気持ちがなくなってしまうのです。

●「現実」を示して、「残念だった」などと気持ちを伝える

よくないことをしたときも、叱るのではなく、「Iメッセージ」で「認め」ましょう。やはり、「現実」を具体的に示して、「こうあってほしい」という意図をもって、「ほんとうの気持ち」を伝えます。

「カズキがマキちゃんをたたいたって聞いたよ。カズキには友だちを思いやれる子どもに育ってほしいと思っているから、残念だった」

「あなたが悪い子」と「あなた」を主語にするのではなく、「私は悲しい」「私は残念だ」と私を主語にして気持ちを伝えるのです。

ただし、他人や自分がケガをするような危険なことをしそうなときは、すぐに止めましょう。そして、そのあとでしっかり危険なことの影響を伝えます。

「ママは、ユウキには絶対にケガをしたり、人を傷つけたりしないでほしいと思っているの。でもさっきハサミを持ったまま追いかけっこしてたでしょ。それで、もしも転

んでケガをして痛い思いをしたり、誰かを傷つけてしまって、後悔したり苦しんだり悲しい思いをしたらと思って心配だったの」

大事なことは「ハサミを持ったまま追いかけっこしないこと」以上に「危険なことをしないこと」です。さらには「自分や他人が傷つくことに敏感に気づいて回避できること」が大切です。

また、たとえばサッカーの練習に遅刻してきた子どもに対しても、遅刻するとどういう影響があるのかを示します。

「きみが集合時間に来ていなかったので、チームの練習が時間通りに始められなくて、練習が計画通りできなかった。そのことで時間を守ってきた子が、やる気をなくしてしまうかもしれない。次の試合にきみは勝ちたいと思っているだろうし、私は勝ってほしい。だから、やる気がなくなるのはできれば防ぎたいと思っているんだ」

「きみには、仲間に信頼される子になってほしいと思っている。集合時間に来ないことが続くと、信頼されなくなってしまうのではないかと心配なんだ」

このように、ただ叱るのではなく、具体的な影響がわかるようにメッセージを伝えるようにしましょう。

そして、次に遅刻しないで来たときには、そのことがチームにどんないい影響を与えるかを伝え、「安心した」「うれしい」などの「私」の気持ちを表します。

ここがポイント!

「ダメな子」「悪い子」と叱ると、否定されたと思い、自信を失います。よくないことをしたときも、具体的な事実や影響がわかるように示しましょう。

「こういう人間に育ってほしい」という子育ての哲学をもとう

「認める」声かけでは、「こうあってほしい」という意図や背景、ビジョンを示そう、と述べました。

そのためには、ふだんから、「将来どんな人間に育ってほしいか」という期待を語っていることが大切です。

「やさしい人に育ってほしい」「心の強い人に育ってほしい」「人の役に立てる人になってほしい」「自分を誇りに思える人に育ってほしい」など、ふだんから、こういう人に育ってほしい、という期待を折あるごとに話しましょう。

子どもに何を期待するのか、ふだんからよく考え、探究している必要があります。

夫婦でよく話し合うことも大切でしょう。

ただ、子どもにはいろいろな観点を示すことも大事ですから、夫婦で重視することが違っていてもかまいません。

●生活のなかで、具体的に語る

この「期待」とは、「いい子」「できる子」といったリアリティのない世間の「理想の子ども像」や、「1番になってほしい」といった評価のものさしではかれる子ども像ではありません。子どもが生きていくうえで「よりどころ」にできるような「子育ての哲学」ともいうべきものです。

親が大きな器でこうした哲学をもち、子どもに示していれば、子どもはそれを芯にして、一緒に、あるいは自分自身でも探究できるようになります。やがて自分の哲学をもつくっていけます。

「哲学」は「ひとつ」でなくてもかまいません。また、「哲学」とはいえないまでも、もう少し具体的な、社会生活を送るうえで必要な力について「こんな力をつけてほしい」という期待も示すようにします。

たとえば、「友だちと協力できる子になってほしい」「自分の意見を言えて、他人《ひと》の意見も聴ける子になってほしい」「あきらめずに最後までやり抜く子になってほしい」などです。

また、たとえばやさしい人に育ってほしいなら、「やさしい」とはどういうことなのか、親の言葉で子どもに具体的にわかるように語れるようにします。

そのためには、子どもが「やさしい」と思えることをしたときにそれを認めることのほか、たとえば、駅でベビーカーを持ち上げている女性を助けている人を見たら、「あのお兄さんは、階段でベビーカーを持ってあげて、やさしい人だね」とか、テレビドラマを見ているとき、「この主人公は、相手の気持ちをわかってあげて、やさしい人だね」などと子どもに具体例で示しましょう。

親自身が、ふだんから、「やさしい」とはどういうことなのか、どういう人が、どういう行動が「やさしい」のかについて、よく考え、探究していなくてはなりません。

私も、日頃から子どもに、「かっこいい」人になってほしいと言っています。「かっこいい」とは、何でも最後までやりきれることや、自分の意見を言えるなどのことで、機会があるごとに「あの人は、かっこいいことをしたね」などと伝えています。

ここがポイント！

将来どんな人間に育ってほしいのか、
「子育ての哲学」をもって、
それを子どもに示していきましょう。
親自身、つねに探究することが
大切です。

小さい頃は「大好き」メッセージをたっぷりと。3歳から10歳にかけて「認める」を増やす

赤ちゃんは、生まれてからもしばらくは、お腹《なか》のなかにいたときのように自分と母親が一体になっているように感じています。

「母子密着」の時代です。

21ページでも述べたように、乳幼児のあいだは、母親をはじめ周囲に愛されているという実感をもつことが非常に大事です。

愛されて、満たされているという安心感から、自尊心をもち、他人や周囲を信じられるという「基本的信頼」をもてるようになります。

他人を認めたり愛したりできるようになり、不安なく生きていけることになるのです。

ですから、とくに**この時期は、愛していることを伝えてあげることが大切です。**

「大好きだよ」というメッセージをたくさん与えて愛情たっぷりに育ててください。

頭をなでて、「いい子いい子」と言ったり、「うわ、すごいじゃない」とほめたりするのもこの頃なら問題ありません。というより、大いにやってあげてください。

抱きしめたり、高い高いをして遊んだり、スキンシップをたっぷり保ちながら、「大好き」を発信し続けてください。

この頃は、まだ「認める」子育ては必要ありません。

●少しずつ「認める」子育てをしていこう

個人差はありますが、2歳くらいから「いや」という言葉が多くなり、3歳にかけて「自分でやる」などと強く自己主張するようになります。自我の目覚めです。

親の言うことをきかないで反抗することも多くなってきます。

母親と自分は違う存在だということがわかってきて、友だちや他人を意識するようになるのです。

この頃から、10歳くらいにかけて、徐々に自我が発達していきます。

その間に少しずつ「認める」メッセージを増やしていきましょう。

友だちやきょうだいと比較したり、点数など優劣で評価することは避けたほうがいいですが、愛情表現として、「いい子」「すごいねえ」と単純な表現でほめることはかまいません。

子どもは少しずつ自立していきます。

「認める」は、ある程度自立した子どもを対象にしていますから、3歳からいきなり変えるのは無理があります。

徐々に「認める」子育てに移行していきましょう。「あなたにはこうあってほしい」という「意図」を声かけに入れるようにして、現実を認め、「私」が主語の「気持ち」を伝えるようにしていきます。

ときどき抱きしめたり、「大好き」メッセージを伝えたり、少し大きくなっても、夜眠れないと言ったときには添い寝してあげたり、子どもが愛されているという安心感をもてるようにしながら、少しずつ「認める」機会を増やしていきます。

また、愛情をたっぷり注ぐだけでなく、子どもがストレスをかかえているときは、子どもの話をよく聴き、受け止めてあげましょう。

そして、もう子どもは10歳を過ぎてしまったという方、もちろんいまからでも大丈夫、間に合います。

子どもが10歳を過ぎていて、これから「認める」メッセージを始めるという場合も、いきなり声かけを変えるのではなく、少しずつ変えていきましょう。まずは第1ステップの「現実を認め、気持ちを伝える」から始めてみてください。

ここがポイント！

3歳くらいで自我が目覚めてから、
10歳くらいにかけて
自我が発達していきます。
その間、心がけて少しずつ
「認める」メッセージを増やします。

子育て体験談①

ほめて育てた 認めて育てた

筆者の講座卒業生の体験談です。

「いい子」でいたくて、親に話せなかった……

岩手県 Ａ・Ｆさん

かつて、私は親にいつも「ほめられて」育ってきました。
「いい子ね」「かわいいね」「すごいね」
ただし、「～だから」いい子ねと、何かの「条件つき」で言われた経験はありません。
ただ「いい子ね」「かわいいね」「すごいね」とだけ言われて育ってきました。
ですので、のびのびと育ったと自分では感じていました。なんにでも自信をもって、
自分で決断し、行動する自分だとずっとそう感じていました。
「評価される子育て」をされたとは思っていませんでした。

ところが、ひとつ思い出したことがあります。

小学校の高学年の頃、スポーツ少年団というものがあり、その頃はやっていたテニスをどうしてもやりたくて友人と一緒に入団しました。

新しいラケットとシューズ。

憧《あこが》れていたことを実現できた！　と意気揚々と入団し、その後の練習が始まりました。ラケットを振る練習をしていたときでした。私は隣にいる友人がかがんでいたことに気がつかず、そのまま振り下ろしたラケットが、友人の顔面を直撃してしまったのです。

みるみる腫《は》れていく友人の顔……。

怖くて怖くてしかたなかったのを覚えていますが、そこからどうやって帰ったのかは、覚えていません。

そして、家に着き、母にそのことをいの一番に伝えよう！

そう思っていたはずなのに、どうしてもそれが言えない。

「おもしろかった？」という問いかけに、「うん……」と答えながら、いま話そう、いま話そう、と思いながら、ついに夕方まで言えなかったのです。

すると、その夜、友人の母親から連絡が入り、事のてんまつがわかり、

「どうして言わなかったの！」と……。

恥ずかしくて、自分が情けなくて、悲しくて……。

いま思えば、これまでの「いい子」でいられなくなる。友人にケガをさせた私は「悪い子」になる……。

親からの評価が下がることにおびえていました。

いまも何か大きな問題に直面したときや自分の失敗から起きた結果に、言い訳したり逃げ出したりしたくなる私がいます。ものすごく「評価」を気にしているのです。

こんな自分を無意識に嫌悪しているからなのかわかりませんが、私は3人の子どもたちになるべく「ほめる」ではなく、「認める」子育てをしようとしてきたように感じています。

やんちゃだった次男が、幼稚園や学校で友人とケンカをし、ケガをしたりさせたりすると、家に帰ってきて開口一番に、

「ぼくも悪かったんだけどね……」

とそのことを伝えてくれる。

言いにくかっただろう。なんて言おうか、帰る道々きっと葛藤《かっとう》がこの子にあっただろう。でも、こうして真っ先に伝えてくれること。

私は、わが子の誠実さや正直さから教えてもらうことが多くありました。私もこんな自分になろうと思うことができました。

すぐに伝えてくれてありがとう。ママはこうして、ケンカしちゃったお友だちのママにすぐに「ごめんなさい」って電話できるよ。助かるよ。

子どもたちは、いま、大学生や高校生。自分の夢をかなえるべく、自らの道を開き始めています。親から見て、心配なことだらけですが、どこ吹く風で、自分が行きたい方向性からブレずにまっしぐらに進んでいます。

学校からも社会からも評価のメッセージだらけです。そんななか、私は、「認める」子育てをし続けようと思っています。

この子たちが、自分で考え、自分で決断し、自分で行動することを認め、失敗や挫折があっても、そこにしっかり直面し、対峙《たいじ》できる強さを認めようと思っています。

「ママが喜ぶから」といやいや勉強していた息子

北海道　Ａ・Ｉさん

一人息子には幸せにすくすくと育ってほしいと、いろいろ試してきました。子育ての本に「ほめて育てると伸びる」とあり、ほめてみました。するとおもしろいようにやってくれました。

一緒に幼児用のプリントもしてみました。

間違っていても、まずは「できたね」。そしてさらりと訂正させ、いつも１００点満点にして、「すごいね」「えらいね」を繰り返しました。

息子もとても楽しそうに取り組みました。

幼い頃はそのやり方がよかったと思っています。

小学校に入ってからは「自学自習」を息子に望みました。でも、その頃からうまくいかなくなってきました。何かが違うと思い、よく見てみると、やりたくもないプリントをいやいややっています。

かならず「プリントほしい、やる」と本人が言うので、プリントを買い続けました。

でも私にはやりたいようには見えませんし、手をつけていないプリントがどんどんたまっていきました。

「ほんとうにやりたいの？」

「うん、やるよ」

「もし、やりたくないのなら休んでみたら？」

「やるよ」

でも「夜やる」「明日やる」「休みの日にやる」と延ばして溜《た》めてしまいます。

私もイライラしてどなってしまいます。思い切って買わないことにしました。

すると、「ほんとうはやりたくなかった」と息子が言いました。

「ママが喜ぶからやりたいと言ったんだ。ごめんね」

私はショックでした。

私に喜んでもらって、ほめてもらいたかったんだ、とはじめて気づきました。

このままでは私のめざす自学自習にならないと思い、やり方を変えようとしているときに岸コーチに出会い学び始めました。

目からうろこでした。いままでほめていたのは私のやり方の押しつけであって、私の都合に合っていることをほめていることに気づかされました。自学自習してほしいと言いながら、息子に自分でできる力をつける応援はしていませんでした。

いまは息子に「認める」子育てをしています。息子がやることをそのままやらせています。勉強も本人のやり方を尊重して「認める」とすごい力を発揮します。

学校の授業で礼文島《れぶんとう》の勉強をしました。とても興味をもって、「実際に礼文島に行って確かめたい」と言い出しました。

そこで夏休みに礼文島に行きました。すると息子は役場の観光課に行って、

「ぼくは札幌から来ました。礼文島のことを習ったので実際に確かめにここに来ました。探してみましたが見つけられなかったことがあります。教えていただけますか?」

と言って、たくさん質問して教えていただいていました。

その結果、人口の最新の情報、レブンアツモリソウの実物、島の学校の全て、診療所の全てを見学できました。私の予想外の行動をして、私の予想をはるかに越える結果を手に入れていました。

「認める」ことのすごさを感じています。

第4章

大人だって「ほめる」より「認める」

——自然とコミュニケーションがうまくいく——

大人も、ほめられたり評価されるより、「認められる」ほうがうまくいく

大人の世界でも、上司は部下をほめよう、夫は妻をほめればうまくいく、などといわれますが、実際どうなのでしょうか。

尊敬する上司であればうれしいでしょうが、そうとは思えない上司から、「きみは今月はよく頑張って、えらいぞ」と言われても、反発したくなるかもしれません。

また、夫に「料理が上達したな。きみは努力家だね。えらいな」などと上から目線でほめられても、あまりいい気分はしないのではないでしょうか。

それより、「いつもうまい料理を作ってくれて、ありがとう。今日はへとへとに疲れたけど、なんかほっとするよ」と「認める」メッセージをもらったほうが、「また明日もおいしい料理を作ろう」という気持ちになれるのではないでしょうか（ここでは、夫が外で働き、妻が料理をする例を挙げましたが、逆でも同じです）。

仕事の成果を「評価する」ということも、あまりうまくいっていません。

たとえば多くの学校では、教員に評価制度が取り入れられた結果、子どもより上司ばかり見る先生や、評価にびくびくして萎縮《いしゅく》する先生が増えています。また、悩みを校長や教頭に相談できなくなって孤立し、心の病を患う先生も多くなっているのです。

同様に、多くの会社でも成果による評価制度を取り入れましたが、導入後、同僚の足を引っ張ろうとしたり、後輩の面倒を見なくなる社員が出たりして、士気が下がり、その結果、制度を見直した会社も少なくありません。

大人でも、「ほめる」＝「評価する」より、「認める」ほうがコミュニケーションがうまくいくだけでなく、「バイタリティのサイクル」が回り、力が引き出されるのです。

ここがポイント！

大人だって、「ほめられる」より、「認められる」ほうが、生きる力が出てきます。

会社やパート先で、同僚や部下にも「認める」声かけをしてみよう

働いているお父さんやお母さんは、子どもに対するときと同様、ぜひ仕事先でも「認める」声かけをしてみてください。

部下や後輩にしっかり仕事をしてもらうためにも、「認める」メッセージが効果的です。子どもを「認める」ときと同じように、「いいこと」も「悪いこと」も認めます。

たとえば、部下や後輩が遅刻したという例で考えてみましょう。

「I《アイ》メッセージ（意図的メッセージ）」で「意図」をもって「現実」を認め、「ほんとうの気持ち」を伝えます（確認したい場合は59ページ参照）。

「サトウくんには、早く一人前になってほしいと思っているんだ（こうあってほしいという気持ち）。

今日はミーティングの時間に来ていなかったね（現実におこなった行動）。

こんなことが続いて、もし、きみをほかのスタッフが信頼しなくなったり、職場の雰囲気が悪くなったりしたらと思うと（その影響）

心配なんだ（ほんとうの気持ち）」

「ルールだから時間を守りなさい」とか、「社会人なんだから時間を守るのは常識でしょ」などと叱《しか》るのではなく、**守らないとどういう影響があるのか、守るとどういう影響があるのか、を具体的に示すことが大切です。**

遅刻したからと叱るだけだったら、それに慣れてしまうと再びしてしまうわけです。

そして、翌日遅刻しないで来たら、きちんと認めます。
「今日は、サトウくんが時間通りに来て、ミーティングでも積極的に発言してくれたおかげで（現実におこなった行動）
職場が朝から引きしまった感じがして、うれしく思ったよ（ほんとうの気持ち）」
できたときはできたことを、できなかったときはできなかったことを、ほめるでも責めるでもなく、「認める」のです。

パート先や派遣先でも、同僚と気持ちよく仕事をしていくために「認める」声かけをしてみましょう。

「忙しいときに、いつもタカハシさんが『手伝いましょうか』と声をかけてくれるので、とても心強いし、助かっています」

「ワタナベさんがいつも明るく挨拶《あいさつ》してくれるので、職場もいい雰囲気になりますね。私も、いつも元気をもらっています」

●「さすがです」は「認める」言葉

「ほめる」には上下が存在します。上から下の人へ「評価」するわけです。

けれども**「認める」には上下がないので、目上の人、たとえば年上の同僚や上司に対しても、問題なくできる**のです。

「B社から注文をもらったのは、さすがですね。いきさつをうかがって感動しました」

といった具合に、「認める」メッセージで伝えれば、上からの評価ではないので、素直に喜べます。

ちなみに**「さすがです」は、評価や比較をする「ほめ言葉」ではありません。「思っ**

ていた通りのあなただった」と「認める」言葉です。

目上の人向けに使える、おすすめの言葉ですね。

職場に限らず、ぜひ、目上の人にも「認める」メッセージを伝えてみてください。

ここがポイント！

仕事で、同僚や部下に対しても、
「認める」メッセージが有効です。
パートや派遣先でも、
気持ちよく仕事をしていくために
「認める」声かけをしましょう。

ＰＴＡの活動でも、「認める」声かけで活動がスムーズに

学校のＰＴＡ活動などをみんなで協力してやっていくのは、なかなか難しいものです。働いている人と働いていない人で都合が合わず、活動日を決めるだけでもひと苦労だったりしますね。快く動いてくれる人がいる一方で、いやいや引き受けたために協力的でない人や、忙しいと言って会合にも出てこない人がいるなど、活動はスムーズにいかないことも多いようです。

でも、いろいろなメンバーがいて難しいと思われるようなときこそ、「認める」声かけを使ってみてください。

たとえば、あなたがＰＴＡの広報委員長をやることになったとしましょう。

秋の広報誌制作に向けて、運動会で写真を撮ってくれた人や、レイアウトを担当してくれた人などに、こんな声かけはいかがでしょう。

「ヤマモトさん、子どもたちの写真、いい表情をとらえたものがたくさんありましたね。学生時代、写真部にいらしたと聞いていますが、さすがですね」

「ハヤシさんのレイアウト、すごく見やすいと、メンバーみんなに好評ですよ。おかげでいい広報誌になりそうで、うれしいです」

「先生方へのアンケートをまとめてくださって、ありがとうございました。何度も学校に足を運んでくださったんですね。お忙しい先生方に催促してもらったり、たいへんだったでしょう。私は昼間仕事があって学校に行けないので、とても助かりました」

こんなふうに「認める」言葉をかけてもらったら、「もっと協力しよう」という気持ちになってくるものです。ぜひ試してみてください。

ここがポイント!

PTA活動でも、「認める」声かけによって、気持ちよく仕事をしてもらえます。

学校の先生へのお願い、提案も「認める」メッセージで伝える

子どものことについて、学校の先生に何かお願いしたいことがあるとき、あなたはどんなふうに伝えていますか。

たとえば、最近子どもの口数が少なくなり、ふさぎ込んでいるとします。こんなとき、「うちの子の様子がおかしいので注意して見てください」

とただ言うより、**具体的事実を示して気持ちを伝える「I《アイ》メッセージ」にしてみましょう。**

「最近、お友だちとのことを全然話さなくなったんです。お忙しいとは思いますが、学校で何かお友だちとのことで変わった様子がないか、お気づきのことがありましたら、お知らせいただけると大変うれしいです」

こう伝えれば、何をどう見てどうすればいいかがつかめて、頭にも残りやすいです。

そして、それに沿ったことをしてもらえたら、感謝の気持ちを伝えます。

「先日お願いしていた件について、ご配慮いただきありがとうございました。お伝えいただいた友だちのことで何気なく話をふったら、どうやらケンカして悩んでいたようで、いろいろ話してくれました。本人も仲直りのきっかけをどうつくるかはっきりしたようで元気が出た様子でした。私も安心しました。ありがとうございます」

担任の先生や校長も、塾や習いごとの先生も、保育園や幼稚園の先生も、お友だちのご両親もみな人間です。要求や非難ばかりでは気持ちよく行動できませんし、逆に行動したことが結果につながったとわかればうれしいものです。

親がモンスターになってしまっては、かえって関係は泥沼になり、そのなかで過ごす子どもたちに大きなマイナスの影響が出てしまいます。子どもにかかわる人たちと気持ちよい関係を築きたいものです。

ここがポイント！

学校の先生など子どもにかかわる人にお願いをするときも、事実を伝え、気持ちを述べましょう。

舅や姑とうまく
コミュニケーションをとるには？

あなたは舅《しゅうと》や姑《しゅうとめ》に、どんな声かけをしているでしょう。たとえば、舅が孫（わが子）と遊んでくれたとき、姑が煮物を作ってくれたとき、何と言葉をかけますか。

「おとうさん、リョウタとキャッチボールしているところを見ましたが、まだまだ力があって上手ですね。ジムに通っているとうかがいましたが、立派です」

「おかあさん、煮物がお上手ですね」

こんな言葉を嫁や婿《むこ》にかけられたら、喜んでくれる場合もあるかもしれませんが、上から目線でほめられた気がしてうれしくないこともあるかもしれません。

前にも述べたように、目上の人にも、「I《アイ》メッセージ」で「認める」のが望ましいのです。

「リョウタとキャッチボールしているところを見ましたが、しっかり力のある球を投げられていてかっこいいなと思いました。さすがですね」

「おかあさん、このあいだの煮物、おいしかったです。子どもたちも喜んでいました。忙しくて野菜料理がなかなか作れないものですから、とてもありがたくいただきました」

などと、やはり「意図的メッセージ」で「背景（意図）」を伝え、現実を「認め」、影響を語り、「私」を主語に「気持ち」を述べます。ほかにも、

「おかあさん、このあいだはアドバイスくださって、ありがとうございました。ミキが学校に行きたくないと言い出すので、私までパニックになってしまって。おかあさんが声をかけてくださって、私も落ち着きましたし、ミキともじっくり話ができました」

このように「認める」ことを心がけていると、義父母ともいい関係が築いていけるはずです。

ここがポイント！

舅や姑にも「認める」声かけを心がけるといい関係が築けます。

夫妻こそ「認め」合おう。
まずは、自分から声かけを変えてみる

夫婦でも「ほめる」のではなく「認め」合いましょう。

こう言うと、

「ほめてもらったことも、認めてもらったこともないもの」

あるいは、

「ほめるようなことも、認めるようなこともしてもらっていないわ」

などと反発を受けたりします。実際、認め合うことより、不満や文句を言い合う関係になっている夫婦が少なくないようです。

でも、子どもを「認めて」育てようというときに、**両親が互いを認め合っていなかったり、じゅうぶんなコミュニケーションがとれていないようでは、「認める」子育てもうまくいきません。**

それに、相手が子どもでも大人でも、「認める」べき点を見ていない、あるいは見ようとしていないことも多く、実際、探してみれば「認める」点はたくさんあるはずなのです。

まずは自分から、相手の認める点を見つけ、「私」が主語の「意図的メッセージ」で「認めて」みましょう。不思議なことに、こちらが変われば相手も変わってくるものなのです。

この本を夫婦で読んでもらえるのがいちばんいいのですが、それが難しいのであれば、まずは、これを読んでいるあなたから始めてみてください。

●どう助かっているか、具体的に話す

たとえば、忙しく家事をしているときに子どもと遊んでくれた夫には、

「今日は、子どもを公園に連れ出してくれて、助かったわ。おかげでたまっていた洗濯ものも洗えたし、リビングの掃除までできたのよ。子どもたちもお父さんとサッカーできたって喜んでたわ。ありがとう」

などと、具体的に「意図的メッセージ」で「認め」ましょう。

「どうせなら、あっちの広い公園に行けばよかったのに」

などと不満があっても、ちょっと抑えましょう。どうしても伝えたいなら、

「今度は、あっちの広い公園に行ったら、もっと思いっきりボールを蹴《け》れるんじゃないかしら。あの子たちが思いっきり汗をかけたら、私もうれしいな」

などと、これも「I《アイ》メッセージ」で伝えます。

さて、夫からも、たとえばいつも家庭をひとりで切り盛りしている妻に、こんな「認める」声かけをしてみませんか。

「子どもがふたりともやんちゃなさかりで、ほんと、たいへんだと思うよ。ふたりには好きなことを見つけてのびのび育ってほしいと思っていたけど、その通りに育っていて、とてもうれしいよ」

「いつも栄養に気をつかった料理を作ってくれるから、ストレスが多い仕事だけど健康状態はバッチリだ。こうしてバリバリ働けるのもきみのおかげだよ、ありがとう」

また、いつも子育てと仕事を両立させて頑張っている妻には、こんな声かけはいかがでしょう。

「仕事も忙しいのに、子どものこともしっかり見ていてくれて、ありがとう。ぼくの残業が多くて、ふだんはあまり家のことができなくてすまないな。自分のことが自分で

できる子に育っているのは、お母さんが頑張っている姿を見ているからじゃないかと思ってうれしいよ」

子どもにだけ、「認める」声かけをしようと思っても、なかなかうまくはいかないものです。夫婦や両親、義父母、子どものママ友、職場の同僚や部下など、誰にでも「認める」声かけをしていると、次第に当たり前のようにできるようになります。

すると、いつのまにか、誰とでもコミュニケーションがうまくとれるようになり、みんなの「バイタリティのサイクル」も回り出してくるのです。

ここがポイント！

夫婦でこそ「認める」メッセージを伝え合いましょう。「認める」声かけができるようになるとみんなの「バイタリティのサイクル」も回り出します。

子育て体験談②

ほめて育てた 認めて育てた

筆者の講座卒業生の体験談です。

自分を嫌いだった子ども時代。娘にも「いい子」を押しつけていた

宮城県　S・Tさん

妹が9か月ではしかの脳炎にかかり障害をもったときから、5歳の兄と3歳の私は、「妹の分まで何ごとも人並み以上にしっかりするように」と母から言われて育ち、大きなプレッシャーを感じていました。

「健康な体と脳があるんだから、努力次第でなんでもできる。妹の分まで頑張れ！」ことあるごとにそう言われ、私たちは期待に応えようと頑張りました。

私は母が病院で妹に付き添っているあいだ、近所の家に預けられていました。

「大人の喜ぶことをすれば、ほめてもらえる」

「いい子にしていることで認めてもらえる」

そんな環境のなかで育った私は、まわりの大人の目や評価ばかりを気にして、自分が好きなことが何なのかさえもわからなくなっていました。つらいときも弱音を吐けず、甘えることもできず、楽しいこと悲しいことも感じられない子どもになっていました。

また、母から、「あなたは人と違う個性的な子」とほめられることに違和感を覚えながらも、母に認められたい気持ちで、友だちが夢中になるような遊びや漫画には興味がないフリをしていました。

小学校4年生のある日、私は意を決して、クラスで流行《はや》っていた少女漫画雑誌を買ってほしいというお願いを母にしてみました。

「え～？　あなたがそんなものをほしがるなんておかしいわ。みんなが読んでるんでしょ？　そんなふつうの子が読むようなものがほしいの？」

「……。わかった、もういい」

私は自分の部屋に戻りました。

「母が期待しているのは、いまの自分じゃない。もっと努力しなければ」

そう思うと苦しくてたまりませんでした。

けれども、完璧《かんぺき》さを求める母は、めったに私をほめたり認めたりしてくれませんでした。私は、何かうまくいかないことがあっても自分に責任はないと考え、すべての原因を妹の病気と考えてしまうようになっていました。

コミュニケーションもうまくとれず、友だちのなかで孤立し、誰にも本心を打ち明けられませんでした。自分でも自分の本心がわからないほどで、そんな自分が嫌いでした。

「子どもが生まれたら、絶対にそんな思いはさせたくない」と思い、娘には何をしてもほめる子育てをしてきました。

また、子どもには善悪の区別や社会のルール、食事のマナーなど、最低限のことはしっかり伝えなければ、と考え、2歳にもならないうちから食べ方を厳しく注意して、できたら思いきりほめてあげていました。夫は「食べるときぐらい、怒らないで、楽しく食べよう」と言ってくれたのですが、「いま教えないとダメだから」と言い返し、食事の時間がしつけの時間になってしまうこともたびたびでした。

娘はお行儀よく、挨拶《あいさつ》もできる子に育ちました。ところが、ある日、私がいないところで、一緒に遊んでいるお友だちにすぐ手をあげていることがわかりました。

問いただすと娘は、「〇〇ちゃんがこんなに悪いことをしたから、たたいた」と言います。私が教えた善悪に照らして、悪の場合はたたいてもいいという論理でした。そこで手をあげてはいけないことを時間をかけて何度も話しました。

またある日、別のお友だちのお母さんからは、「あなたの娘はのびのびとした子どもらしさがない」と言われました。ショックでした。

たしかにわがままを言うこともないし、赤ちゃんだった次女の世話をしてくれて、そのつどほめると、ますますうれしそうにあれこれしてくれました。でも言われてみると、娘は私の機嫌を損ねないように、妹の世話などをかって出ているようにも見えました。

私は自分がいちばんしたくないと思っていた親の価値観を押しつける子育てをしていたのです。いつもいい子でいる娘が大人の顔色を見ているような気がしてきました。

「『いいママ』になろうと思ってきたけれど、全然ダメだった」

私は自分の子育てに自信がなくなりました。

そんなある日、岸コーチに出会い、ありのままの自分と子どもを受け入れるということを知り、フッと肩の力が抜けました。それまでの自分に対しても娘に対しても、「よく頑張ったね」と言ってあげたくなりました。


いまは、「何があってもママはあなたの味方だよ」と言葉と態度で表すように心がけています。悩みがあるときはただ話を聴いてやると、「ママに話したら少し気が楽になったよ」と言い、そのうちにいい方向に向かっているようです。「この子のすべてを受け入れよう」そんな気持ちで毎日接していくうちに、娘も自分も変化したようです。

現在、中2の長女は生徒会で副会長として学校生活を楽しんでいます。小6の次女はいまもしょっちゅう弱音を吐きながらも、習字で学校代表になったり、将来の夢を見つけたり、それぞれが自分の好きなことをできているように思います。これからも何があっても、娘たちを丸ごと受け入れていこうと思います。

最後に、母にはいまでは感謝しています。母に悪気があったわけではなく、私を一生懸命育ててくれたことが、いまはよくわかるようになりました。

「すごい」とほめずに、「どうだった？」と聴いてみると……

富山県　M・Oさん

自分の子どものときは、ほめられて育ったな、と思います。「すごいね」「えらいね」と言われることがうれしくて、ほめられるために、怒られないために動いていていました。

また、悩んでいることを言ってはいけないと思っていて、ほんとうに思っていることが言えませんでした。

自分ではもっとできたのに、とか、もう少しこんなふうにすればよかった、と思っていても、ほめられることにうれしくなって満足してしまい、まあいいかと思い、自分自身のチャレンジがなくなっていたように思います。

ほめられる程度はこんな感じでいいかなという、真の限界ではない限界を勝手につくって、それ以上しなくてもいいんだと思っていました。

なによりそのほうが楽だったんです。

でも、息子には「認める」子育てをしてきました。

先日、小学6年生の息子が市の陸上競技会に出たときのことです。

この陸上大会には学校選抜で参加します。そのなかでも100メートル走は各学校の1番の子が走ります。

昨年から足を故障し、大好きな野球をやめてから自信を失いつつあるわが子がこの舞台に立っているだけで、私は充分でした。

結果はレースで2位でした。

この時点で県大会に進めそうです。そして総合で賞状がもらえる8位でした。

「すごいすごい!」と大はしゃぎで、息子のいる場所に走りました。

いちばん見やすいところで観戦していた私は、いちばん遅くにたどりつきました。

そこではほかの保護者の人たちや友だちから

「すごい! なかなかできないよ~。やっぱりRはすごいね」と、うれしくなるような言葉をもらっていました。

でも、表情を見ると、息子はうれしそうには見えません。

どうしてこの子は素直にうれしいと思わないんだろう、やりたくてもやれない子もいるのにぜいたくだな、と思っていました。

でも、私は、ほめたり、「なぜ？」と詰問したりせず、「どうだった？ 走ってみて」と聴いていました。

すると、

「オレ、ほんとうは1番だった。フライング1回して、2回で失格ってルールがあるから、スタートダッシュが遅れたんだ。1回目なら総合でも1位だった」

とほんとうに悔しそうに答えたのです。

そして、「今度は練習して自己ベストを出す」とさらに意欲を燃やしています。

この言葉を聞いたときは、はっとしました。

この子は結果を喜んでいないのではなく、自分がもっとできたことを見ているんだ、ほめられたことに満足するのではなく、さらに自分のベストに焦点を置いているんだと思いました。

息子の成長が頼もしく思えたひと言でした。

――おわりに――

「コミュニケーション」は自転車と同じ

「コミュニケーションは難しい！」と多くの人が口にします。とくに子どもとのコミュニケーションでは、みなさんよくそうおっしゃいます。

たしかに、いろいろな本を読んで、教育の講座にも出て、インターネットの相談室の指導も受けて、いろいろなノウハウを学んで、実際に使ってみたものの思ったほど結果が出ないし、そもそもそんな言い回しやテクニックをいちいち考えて使ってられないし、できなかったことで自己嫌悪に落ち込むし、理屈が難しくてついていけない……ですね。

ただ、この本でお話しした「意図的」なメッセージは、すぐには使えるようにならなくても、いったん身につけて使えるようになると、大きな変化を生み出します。

ちょうど自転車に乗ることのように、たしかに最初に補助輪なしで乗るときはとんでもなく難しいように感じても、何度かころんでいるうちに感覚がつかめて、そうしたらどんどん簡単になっていき、最後には自然に乗れるようにもなりますね。しかも原付やバイクなどどんどん応用できるものが増えていきます。これはそんなスキルです。

ですから、多少順番が間違っていても、要素が欠けていても、すぐに変化がなくても、だまされたと思ってとにかく使い続けてみてください。完璧《かんぺき》でなくていいのです（そもそも、いきなりあなたが話し方を見事に変えたら、かえって怪しいです。笑）。

そして、このコミュニケーションを、あなたのまわりに自転車と同じくらい自然なものとして広げていって、まわりの人たちを生き生きとさせてください。

それが何よりうれしいですし、楽しみです。

最後に、このたびの出版に当たって、ご尽力くださった小学館の青山明子さん、ライターの榎本康子さん、いつも私を力づけ続けてくれるコミュニケーション・トレーニング・ネットワーク（CTN）やコーチング講座のみなさん、マネージャーの松本真紀子さん、そして、いつも飛び回っている私をサポートし、力づけてくれる妻の稲子と、コミュニケーションの深さと人という存在の素晴らしさを見せてくれる長男の光輝と次男の勇輝、この分野の仕事をしていくことに理解し応援してくれる両親と亡き祖母に、心から感謝します。

そして何よりもこの本を手にとってくださったあなたに、心からありがとうございます。

岸　英光

【著者紹介】
岸　英光（きし ひでみつ）

東京都出身。大学卒業後、企業勤務と並行し、最新の各種コミュニケーション・能力開発のトレーニングに参加。自らコーチされることを通して日本人に適したプログラムをオリジナルで構築。パラダイムシフト・コミュニケーションの第一人者として日経BP課長塾でメイン講師をつとめるなど、マスコミへの登場も多く、全国各地での講座、一般企業、自治体、医師会ほか、教職員研修センターや教育委員会、学校等での講演・研修は年300回を超える。2人の男子の父。コミュニケーショントレーニングネットワーク®統括責任者、岸事務所代表。エグゼクティブコーチ。

主な著書に、『失敗する子は伸びる』（小学館）、『弱音を吐いていいんだよ』（講談社）、『プロコーチのエンパワーメント・コミュニケーションの技術』（あさ出版）、『プロコーチのコーチングセンスが身につくスキル』（あさ出版）、『課長塾　部下育成の流儀』（日経BP社）などがある。

【コミュニケーショントレーニングネットワーク®】

URL：http://www.communication.ne.jp/

E-mail：ctn@communication.ne.jp

Special Thanks: 取材にご協力いただいた皆様（敬称略）
板橋敦子　尾越志保　尾島雅美　古賀澄子　小林妙子　佐々木暁　佐藤弘美　大作佳範
田中尚子　高橋さやか　中島啓子　八戸さとこ　深澤麻路　堀井基子　山口陽子

「ほめない子育て」で子どもは伸びる
声かけをちょっと変えただけで驚くほど変わる

2010年11月14日　初版第1刷発行
2023年 4月 6日　　　第8刷発行

著　者　岸　英光

発行者　下山 明子
発行所　株式会社　小学館
〒101-8001　東京都千代田区一ツ橋 2-3-1
電　話　編集　03-3230-5446
販売　03-5281-3555
印刷所　図書印刷株式会社
製本所　株式会社難波製本
ＤＴＰ　昭和ブライト株式会社

編集／青山明子　制作／金田玄彦・星 一枝・太田真由美　宣伝／浦城朋子　販売／福島真実

ISBN978-4-09-388158-6